THE WHOLE WAR

总体战

［德］鲁登道夫◎著　魏止戈◎译　马骏◎主编

"战争论"丛书编委会

主　编　马　骏
副主编　纪明葵
编　委（排名不分先后）
　　　　马　刚　王洪福
　　　　房　兵　赵子聿

http://www.hustp.com
中国·武汉

图书在版编目(CIP)数据

总体战 / (德) 鲁登道夫著；魏止戈译. -- 武汉：华中科技大学出版社，2016.5（2024.5 重印）
（战争论丛书）
ISBN 978-7-5680-1337-6

Ⅰ.①总… Ⅱ.①鲁… ②魏… Ⅲ.①全面战争—战争理论 Ⅳ.①E0

中国版本图书馆CIP数据核字(2015)第263335号

总体战
Zongtizhan

[德]鲁登道夫 著　　魏止戈 译

选题策划：	晋璧东
责任编辑：	沈剑锋　康　艳
封面设计：	金刚创意
责任校对：	何　欢
责任监印：	朱　玢
出版发行：	华中科技大学出版社（中国·武汉）
	武昌喻家山　邮编：430074　电话：（027）81321913　（010）64155588
印　　刷：	湖北新华印务有限公司
开　　本：	880mm×1230mm　1/32
印　　张：	5.25
字　　数：	127千字
版　　次：	2024年5月第1版第12次印刷
定　　价：	22.00元

本书若有印装质量问题，请向出版社营销中心调换
全国免费服务热线：400-6679-118 竭诚为您服务
版权所有　侵权必究

"战争论"丛书主编马骏同志简介

马骏 国防大学战略教研部教授,中国第二次世界大战史研究会理事、中国德国史研究会会员、中国史学会军事史学分会会员。长期从事外国军事史、外国军事思想和国际政治教研工作。应邀在北京大学、中山大学、北京林业大学、北京师范大学、北京科技大学、对外经贸大学、首都师范大学、武汉大学、贵州省、山东省、四川省、沈阳军区、新疆军区及日本防卫厅讲学。在中央电视台新闻频道、军事频道、科教频道、法律频道多次做专家访谈。主要著述有:《外国战争史与军事学术史》《日俄战争史》《日本军事战略研究》《外国军事史学研究概论》《科索沃战争研究》《二十世纪经典战役纪实》《美苏在开辟伊朗走廊过程中的矛盾与冷战的起源》等专著。

"战争论"丛书副主编纪明葵同志简介

纪明葵 国防大学教学督导组专家,原国防大学副教育长,少将军衔。战略、战役学教授,国家军事仿真专业组特聘专家。清华大学、哈尔滨理工大学、兰州大学、内蒙古师范大学、中国延安干部学院兼职教授。《国家智库》执行主编、中国网专栏作家。著有《现代战役研究》《危机控制与管理》《打击跨国犯罪》《国际恐怖主义与反恐怖斗争》《A地区战略危机决策与控制管理》《信息化条件下的国防动员》《反空袭作战研究》等专著,发表学术论文几百篇。

"战争论"丛书编委马刚同志简介

马 刚 国防大学战略部军事思想与军事历史教研室主任，国家安全战略和国际战略学科学术带头人，博士研究生导师，校学术委员会委员。毕业于解放军外国语学院和国防大学，历任国防大学战略研究所研究员、第二炮兵导弹旅旅长、国防大学防务学院训练处长、办公室主任、国防大学战略研究所副所长等职，曾在俄罗斯工作，长期从事国家安全、国际战略问题研究和我军对外培训工作。著有《新中国军事外交》《中国人民解放军战略文化》《胜利的启示》等专著。

"战争论"丛书编委王洪福同志简介

王洪福 国防大学战略教研部军训室主任,军事战略学科学术带头人,军事战略学硕士生导师,空军大校。先后毕业于西安空军工程大学、陆军指挥学院、国防大学、巴基斯坦国防学院。先后出国担任中国驻老挝、津巴布韦军事教官组组长,获得老挝国家三级功勋勋章。长期从事战役战略教学与科研,并应邀在全国各地以及全军多个部队讲授有关国家安全形势方面的专题讲座。著有《现代国防理念略论》,参与编写《空军战略学》《军种战略学》等专著。

"战争论"丛书编委房兵同志简介

★ 房兵 国防大学战役教研部军训教研室副主任,大校军衔,军事学博士。CCTV—10《探索发现》系列专题片《百年航母》《马岛战火》《特战奇兵》《突然袭击》主讲人。中央电视台《海峡两岸》《今日关注》《防务新观察》《环球视线》《东方时空》,北京电视台《军情解码》,深圳卫视《军情直播间》,云南卫视《经典人文地理》《新视野》等栏目特约军事专家,中国国际广播电台《环球资讯广播》特约评论员。著有《大国航母》《烽烟利比亚》《马岛战火启示录》《航空母舰与战争》。

"战争论"丛书编委赵子聿同志简介

赵子聿 国防大学危机管理中心主任，教授，博士生导师，国家安全战略学学科带头人。长期从事国家安全和危机管理研究，在20多项国家和军队重大课题中担任负责人和主笔人，中国应急管理领域50位名家之一。主要著作有《国家安全危机决策》《国家安全危机管理析论》《美国陆军》《面对动荡的世界》等。获军队优秀科研成果一等奖，军队学科拔尖人才培养对象，军队学习成才先进个人，二次荣立个人三等功。

我们的战争观：不好战！不畏战！决战必胜！

——写在"战争论"丛书出版之际

马克思曾说，战争是推动人类文明前行的火车头。他形象地指出了，战争机器如同推土机一般，碾过历史的血肉之躯，于荆棘中开疆拓土，前行的轨道上沾满血腥。生命在战争面前是那么地脆弱。残忍，是战争诞生以来形成的秉性。战争同暴力几乎就是一对同义词，暴力是战争的本质属性，也是马克思主义的战争观。即使进入现代战争模式之中，诸如贸易战、金融战、外交战、黑客战、网络战、病毒战、舆论战等，战争的本质仍然是残酷的，充满暴力的。所以，我们认为，所谓的"武器仁慈化""战争非暴力化""战争泛化"等观点是不妥当的。因为，当前形势下，战争将无时不在，无处不在。身为中华民族的一份子，必须时刻对各种战争形态保持高度警惕，因为战争的根本法则，依然是保存自己、消灭敌人！

正因为战争的本质是残忍的，同时它又是人类历史发展进程中的常态现象，所以，对于战争的看法，自古以来就分为多种复杂的看法。比如，西方军事理论家克劳塞维茨在《战争论》中写道：战争是强迫敌人服从我们意志的一种暴力行为。德意志帝国铁血宰相俾斯麦认为，我们所处的时代的重大问题不是靠演说和决议所能解决的，这些问题只有靠铁和血才能解决。战争理论家伯恩哈迪认为，战争是人类生活中一种具有头等重要意义的生物法则，它是人类社会中不可缺少的起调节作用的东西。无疑，这几位西方军事大师，对战争都是笑脸相迎的。

与其相反，是反对战争的人们。比如，罗马时代的军事家、历史学家李维认为，对那些需要战争的人来说，战争是正义的；对那些失去一切希望的人来说，战争是合理的。曾经以炮舰政策横行世界、身经百战、建立起日不落帝国的英国，却对于战争有着这样的民间谚语：战争一开始，地狱便打开。而作为东方文明古国，中国经历了无数次的烽火狼烟，更深刻地体会到战争的血腥与残酷，所以，我们的老祖宗谆谆教导中华儿女："师之所处，荆棘生焉。大军之后，必有凶年"（老子）、"兵犹火也，不戢将自焚"（陈寿）、"皇帝动刀枪，百姓遭了殃"。2015年11月7日习近平主席在新加坡国立大学的演讲更是鲜明地指出，国强必霸并不是历史的必然规律，中华民族历来热爱和平，深知"国虽大，好战必亡"的道理。

我们认为，天下虽安，但忘战必危；虽然冷战结束了，但战争的硝烟一刻未熄。我们必须要有备才能无患。围绕"战争"，我们需要明白如下几个问题：

战争的首要目的是为了和平。 战争只是一种手段，战争的最高境界就是"不战而屈人之兵"。对于一次战役（战斗）来说，战争的目的是消灭敌人、保存自己。而从整体的、纵向的角度来说，战争除了在历史上扮演着王朝更替的催化剂、助产士这类角色之外，符合人类社会发展进步的战争，归根结底其目的应该是为了和平。正如亚里士多德所说，战争的目的必须是为了和平。这样的战争才是正义的。然而，存在着繁杂利益纠葛的人类社会要想取得和平并不是简单、无代价的，因为"你想和平，就要准备战争"（韦格蒂乌斯）、"只有胜利者，才能用战争去换取和平"（萨卢斯特）。对于我们中国来说，构建强大的、现代化的军队是维护世界和平的重要战略支撑力量。

战争需要理性对待：不好战。正由于战争是头洪水猛兽，因此需要高超的驾驭能力。只有驾驭得好，才能避免引火自焚。在能够避免战争爆发的情况下，应尽一切努力化解矛盾与纠纷。所谓上兵者伐谋，不战而屈人之兵。即使在具体的战场（战役）指挥中，总司令最重要的品质是冷静的头脑，尤其是在国际风云变幻莫测的复杂背景下，如何理性地对待战争，如何理性地在战争与和平之间做出选择，考验着每一个中国人的智慧。总之，当我们被愤怒"操纵"的时候，当我们希望通过战争这一手段，快刀斩乱麻地解决麻烦与纠纷的时候，我们需要对战争持有一颗理性、冷静的心，并记住：叫喊战争的人是魔鬼的参谋；狂热者的脑袋里没有理智的地盘。我们更要懂得著名诗人贺拉斯的一句反战名言背后的意味：所有的母亲都憎恨战争！而历史已经反复告诉世界：中国人不好战！

战争需要一种勇气：不畏战。无论是冷兵器时代还是高科技战争时代，战争都是残忍的，需要付出的是生命的代价。因此，战争机器不能轻易启动。不过，不好战不代表完全拒绝战争、排斥战争、畏惧战争。在世界丛林的游戏法则中，一个民族一个国家，要想生存发展，保持必要的用于自卫的强大武装力量是必要的，更是必须的。1840年鸦片战争以来，西方以炮舰政策强加在中华民族头上的羞辱与屠杀的历史教训告诉我们,只有自身强大、手握撒手锏,才能避免被杀戮、羞辱的命运。民族、国家的尊严,是构建在必要的武力基础上的,尤其是当关系到我们的国家主权和民族尊严、关系到我们的核心利益时,战争是必须的。历史事实已经多次郑重地告诉世界:中国人不好战,更不畏战!

战争需要一种理智:英勇善战。人们若想取得战争的胜利,就必须认识战争的客观规律,将其抽象为战略战术,在客观条件许可范围内,运用从客观中抽象出来的战略战术指导战争,战争是智者的搏弈。毛泽东说:"指导战争的人们不能超越客观条件许可的限度,期求战争的胜利,然而可以而且必须在客观条件的限度之内,能动地争取战争的胜利……指挥员在战争的大海中游泳,他们要不使自己沉没,而要使自己决定地有步骤地到达彼岸。作为战争指导规律的战略战术,就是战争大海中的游泳术。"

战争需要一种凝聚力:忠于祖国。作战需要彼此配合,在战场上尤其是在特殊的环境下,危险会来自四面八方。所以,只有铸造一种团结一致、统一对外的团队精神,才能帮助每一个作战中的人消除防范时刻出现的危险。无数的事实已经证明,每一个英勇善战的部队,每一支特种作战部队,要想取得胜利克敌制胜,必须是铁板一块!法军统帅拿破仑说过,统一指挥是战争的第一要事,也是产生凝聚力不可缺少的要素。那么,凝聚力来自哪里?对于中国军人来说,首先来自于听党指挥、忠于祖国、忠于人民这一神圣的最高宗旨,来自于共同的保家卫国的誓言,来自于全心全意为人民服务的社会主义核心价值观,来自于不怕苦不怕累不怕牺牲、做忠诚可靠的人民子弟兵的信念。其次,凝聚力来自于科学合理、统一规范的军队制度化建设，来自于平时官兵一致、爱兵如子、相亲友爱的军内关系。最后，凝聚力也来自于绝对服从、铁的纪律。

战争需要一种自信：会打必胜。战争是一种你死我活的搏斗，所以，保存自己、消灭敌人是战场上的最高法则。对于军人来说，拥有坚韧的必胜的自信心，是一种高贵的品质。当然，自信不是自负，那种不顾实际情况、盲目草率的军事行动，只能归为冒险盲动主义。坚定的必胜信念来自于知己知彼、百战不殆。军人的自信心，既要求军队的指挥官养成信赖自己的习惯，即使在最危急的时候，也要相信自己的勇敢与毅力，也要求普通士兵具备想当将军的优秀品质。为什么不想当将军的士兵不是好士兵？因为这样的士兵没有必胜的自信心。凡是有决心取得胜利的人，从来不说不可能。

战争需要学习。对于中国军人来说，无论是古今中外的战争实例、战争历史、军事著作、谋略经典、军事名家，还是当代他国的军队建设成就、最新武器装备成果，都需要我们秉持古为今用、洋为中用、兼容并包、取长补短的谦虚谨慎、认真仔细的态度，去学习其经验，汲取其教训，最终在掌握精髓、创造创新中超越，并将其转化为自己的真实本领。毛主席曾经教导中国军人，没有文化的军队是愚蠢的。诸如"战争论"丛书里的蒋百里《国防论》、克劳塞维茨《战争论》、马汉《海权论》《海军战略论》、杜黑《空权论》、若米尼《战争艺术概论》、韦格蒂乌斯《兵法简述》、米切尔《空中国防论》、鲁登道夫《总体战》，都是我们学习的优秀精神食粮。当然，作为将来要上战场的军人，不仅要重视学习军事理论，更要在平时的摸爬滚打中铸就高素质的作战能力。平时流汗，才能避免战时流血。因此，西谚有云，你有一天将遭遇的灾祸是你某一段时间疏懒的报应。军人需要的就是一种学习、学习、再学习，坚持、坚持、再坚持的韧劲。

战争需要研究。战争既是一门艺术，也是一门科学。作为艺术，战争需要驾驭它的人必须具备高超的领导力与决断力；作为一门科学，需要我们认真对待，通过去伪存真、去粗取精、由表及里、由深入浅地找出其中蕴含的最简单、最明晰、最管用的规律来，以指导实际中的军事行动。通过学习、研究，尤其是打开自己的视野之后，我们会发觉自己的不足之处，从而通过跨越式发展，尽快补足短板，以提升我们的实际战斗力。这套"战争论"丛书值得我们花费力气熟读一番、好好研究。

战争需要实践。通过对古今中外军事著作、战争实例、战争历史的学习研究，我们所获得的只是理论上的东西。理论知识的作用只有运用于实践，才能知道它的真实价值。正如毛主席强调的，一切学习的目的全在于运用。所以，对于军人来说，除了学习研究古今中外的军事历史、战例与理论之外，更需要通过实战来检验我们手中到底掌握了多少的战争真理与有用的军事方法。一切的战争规划与理论，全在于实际的执行力与效力。因此，想得好是聪明，计划得好更聪明，做得好是最聪明又是最好的。而从国家的角度来说，日常的军队国防建设均在于服务于实战、为实战做准备。俗话说得好，未雨绸缪，养兵千日用兵一时。战争机器不是摆设，更不能是花架子，必须接受实战的检验。另外，战争中蕴含的谋略、道理，也可以作为其他领域决策、管理的参考。

战争需要谋略。伟大的革命导师、苏联红军统帅列宁曾经鲜明地指出，没有不用军事计谋的战争。我国明代文学家、谋略家冯梦龙强调，兵在精而不在多，将在谋而不在勇。正因为如此，古今中外诞生了大批研习战争谋略的大师名家。可以说，蒋百里《国防论》、克劳塞维茨《战争论》、杜黑《空权论》、若米尼《战争艺术概论》、韦格蒂乌斯《兵法简要》、米切尔《空中国防论》、鲁登道夫《总体战》、马汉《海权论》《海军战略论》等，每一本军事经典都是战争智慧的结晶。作为军人，一定要时刻铭记：永远别以为敌人比你愚蠢！轻视对手的后果是严重的。正确的态度就是毛泽东同志所说的，战略上藐视敌人，战术上重视敌人。拿破仑有句话说得好，世上只有两种力量：利剑和思想。从长而论，利剑总是败在思想手下。

战争需要发展。人类的历史长河是永远向前发展的。从最初的刀耕火种，到自然的田园农业文明，再到欧洲十七八世纪的工业革命，再到十九世纪、二十世纪的电气革命，直到二十一世纪的信息化革命。每一次的生产力跃升都推动着经济的巨大发展，而与武器装备直接相关的生产力的质的进化，更是推动着战争形态的惊天变革。所以，军人必须远比其他人要更为敏感地关注世界形势的变化以及涌动出的最新的社会现象与科技成果，使自己具备察天观地的与时俱进的本领，不落伍于时代，才能决胜于千里之外，才能履行好保家卫国的职责。我们认为，与时俱进有两个标准：一是随着时代的发展而发展，二是无论时代怎么发展始终抓住最简单最管用的精髓。军事艺术是一种执行命令的艺术，一切复杂的计谋都应当抛弃掉。简单明了，是执行好军事行动的首要条件。

战争需要实力。战争归根结底是实力的较量,从来都是敌对双方军事、政治、经济、科技、文化、外交等多种因素的综合较量,而不单纯取决于某一种因素。所以,对于我们的国家,需要通过"发展"这一硬道理,来全方位提升我们的经济发展水平和科技质量,全面地加强我们国家的综合实力,为战争提供强大的国家保障力。对于我们的百姓,需要通过各种措施加强国防意识与国家安全意识教育,培育国民的军事素养,建设强大的民兵预备役部队,要藏兵于民。对于我们的军人,广大士兵要通过艰苦的学习、训练,加强自身的单兵作战能力与团队合作作战能力,以及军兵种协同作战能力。对于指挥官,则需要进一步提升自己的军事指挥素质。震惊欧洲的拿破仑说过:一头狮子带领的一群羊,远远胜过一只羊带领的一群狮子。我们的军队需要培育出一批批的狮子老虎,才是名副其实的威武之师!

谈了这么多与战争有关的话题,那么,新时期的中国军人,还要做些什么呢?首先就是,要牢牢抓住军队政治工作这一生命线。我军自成立以来即高度重视政治工作。1929年12月28日—29日,中国工农红军第四军第九次党代表大会在福建上杭县古田村通过的《中国共产党红军第四军第九次代表大会决议案》(即著名的古田会议决议案),即明确指出,红军是"一个执行革命的政治任务的武装集团",必须服从党的领导,自觉担负起宣传、组织、武装群众等任务。古田会议划清了红军与旧式军队的界限,解决了无产阶级革命军队建设的根本性问题。2014年10月30日,新时期的全军政治工作会议在福建上杭县古田召开,习近平主席出席会议并发表重要讲话,提出把理想信念、党性原则、战斗力标准、政治工作威信在全军牢固立起来;抓好铸牢军魂、高中级干部管理、作风建设和反腐败斗争、战斗精神培育、政治工作创新发展"五方面"工作；加强军事文化建设，从难、从严、从实战要求出发"摔打"部队，培养广大官兵大无畏的英雄气概和英勇顽强的战斗作风，着力培养有灵魂、有本事、有血性、有品德的新一代革命化的"四有"军人。中国军人，任何时候都要牢记"听党指挥、忠于祖国与人民"这一最高宗旨，争当让党和人民放心满意的优秀军人。

其次，要积极做好军事斗争的准备。西方战神克劳塞维茨强调，作战的基本原理是，切勿完全处于被动地位。对于一支军队来说，只有时刻以与时俱进、未雨绸缪的精神抓好军事斗争准备，才能避免被动、才能有备而无患。只有时刻准备好，才能令出即行、迅速把握战机，避免陷入被动挨打的泥潭。

再次，紧紧围绕战斗力做文章。衡量一支军队的好坏，关键就看能否打胜仗。拿破仑曾预言，中国是一头睡狮，一旦醒来将震撼世界。但是，没有利爪的狮子只能是摆设。能打胜仗是衡量军队质量的根本标准。没有战斗力，其他都是空谈。

最后，要进一步加强贯彻落实"科技强军""质量建军"战略，进一步高度重视兵民结合的人民战争的战略战术研究与运用，始终牢记并掌握"军民团结如一人，试看天下谁能敌"这一法宝。

在新时期，面对日趋复杂的国内外环境，军人的天生敏感性告诉我们——这个世界并不太平。因此，作为中华人民共和国的柱石，中国人民解放军需要进一步地紧紧抓住中国的特殊国情，做好强军的一切工作，需要进一步地牢牢抓住决定战争胜负的各方面的关键性因素，从要害处着手，全面加强军队的改革与建设。如此，才能确保我们这座保家卫国的钢铁长城永不倒塌！

回首过去，我们对战争充满敬畏。我们不轻言战争，我们不惧怕战争，我们只为战争做好准备。业绩造就伟人，战功成就军人。辉煌的中国革命史证明中国人民解放军是一支听党指挥、能打胜仗、作风优良的人民武装力量。

中国军人的勤奋和荣誉，足以鼓舞千秋万代的中国青年。

祝愿一切热爱军事、关心国防、热爱和平的读者朋友，能从囊括古今中外著名军事经典的这套"战争论"丛书中汲取有益的养分，从无到有、由小到大、从弱到强地培育自己的国防军事素养，形成自己的国防观、战争观，以求在将来或许会发生的、某个特殊的时刻履行自己"保家卫国"的神圣职责。

"战争论"丛书编委会

2015年10月

目　录
CONTENTS

第一章　总体战的本质 …………………………………… 1

第二章　民族的精神团结是总体战的基础 …………… 15

第三章　经济与总体战 ………………………………… 39

第四章　军队的兵力及其内涵 ………………………… 63

第五章　军队的编成及其使用 ………………………… 81

第六章　总体战的实施 ………………………………… 105

第七章　统帅 …………………………………………… 129

后记 ……………………………………………………… 147

第一章

总体战的本质

我并没有打算撰写一本关于战争理论方面的书。

对我而言，战争理论是陌生的。而且，我多次说过，我是一切理论的敌人。在我看来，战争是真真切切存在的东西，是一个民族生活中最严肃的现实。事实上，我要说的就是这个问题，不过，我并没有打算重复那些妇孺皆知的东西。

由于这本书的读者定位是全体人民，所以我重点研究的是人民在这个问题上所不熟悉的方方面面。民族生存斗争的本质是全体人民必须要了解的大事情。但是，他们获得这方面的知识并不需要通过阅读浩瀚如海的战争教科书，而只需要简明易懂的解说就足够了。

在此要做一下声明，我在这方面所讲述的东西纯属个人最为重要的战争经验，而不是像某些国家猜度的那样，是什么官方言论。

大约100年前，战争理论大师冯·克劳塞维茨就对腓特烈大帝和拿破仑时代的战争经验做了深入的研究，写成了《战争论》一书。该书认为：战争是迫使敌人屈从我方意志的一种暴力行为。这点完全正确。在研究为达到这个战争目的而采取的手段时，克劳塞维茨只考虑通过会战和战斗来消灭敌人的军事力量。这点成了进行战争的毋庸置疑的原则，也成了总体战领导者的首要任务。

因此，克劳塞维茨这个在战场上消灭敌军的观点，势必具有深远的意义。对此，冯·施利芬将军在1905年《战争论》再版前言中，也做了中肯贴切的论述。而我也对此深表赞同。

但是，我想说，这部书纵然是经典著作，但它是过去一个历史发展阶段的产物，已跟今天的情况脱节，甚至可以说，《战争论》会扰乱人们的思想，使人们误入歧途。

克劳塞维茨说的"战争的多种多样性"的那个时代已经成为历史。对于"战争的多种多样性"，克劳塞维茨这样写道：

战争的动机越大、越强，战争和整个民族生存的关系就越大；战前的局势越紧张，战争就越接近它的抽象形态，一切就越是为了击垮敌人，政治目的和战争目标就更加一致，战争看起来就越是纯军事的，而不是政治的。反之，战争的动机越弱，局势越不紧张，政治规定的方向同战争要素（即暴力）的自然趋向就越不一致，因而战争离它的自然趋向就越远，政治目的同抽象的战争目标之间的差别就越大，战争看起来就越是政治的。

紧接着，克劳塞维茨又进一步探讨形成战争的新特性的原因：

虽然战争在本质上和形式上发生重大变化，虽然这些变化让战争更趋向于其绝对形态，但这些变化并非是因为法国政府已摆脱了政治的束缚而产生的，而是因为法国大革命在法国和全欧洲引起了政治的改变而产生的。改变了的政治为战争提供了不同的手段和不同的力量，而导致战争产生了在其他情况下难以想象的巨大威力。

在克劳塞维茨生活的那个时代，政府首脑无视民众意愿而发动的"内阁战争"，即政府依靠军队进行的战争已经荡然无存了。当时所说的民众参与战争，往往是指民众交纳税款，或者因为部队的行军、宿营和作战而直接受到伤害。

法国大革命则改变了战争的形式，将人民力量直接吸纳到战场上，只不过当时并未彻底形成像克劳塞维茨说的"抽象的"或"纯粹的"形态。1866年和1870—1871年的战争，法国虽然在甘必大[1]领导下显得生机勃勃，并获得了全民族的同情，但是它依旧没能阐明战争的本质。

而这种战争形式对我们而言，依旧是陌生的。我们只能说，在1870—1871年的战争中，德国政府对在法国出现的这种新战争形式手足无措。对德国而言，战争是军队的事情，与民众没有直接的关系。此时的战争依旧在冯·克劳塞维茨的战争本性的学说范围之内。

但是，世界大战[2]和近150年的所有战争相比，却表现出截然不同的特征。不但参战国的军队在战场上厮杀，就连参战国的民众也参与其中。于是，战争变成了人民的战争，它让人民陷入战争的危险之中。对于这场战争，我在《我的战争回忆录》一书中这样写道：

跟以往相比，虽然武装力量和作战兵器更加强大，但是陆军

---

[1] 甘必大，法国资产阶级政治活动家，法兰西第二帝国时期共和派左翼领袖，1870年9月大革命后任"国防政府"内政部长，在1870—1871年普法战争中，甘必大领导由民众参加的所谓新军进行军事抵抗，击溃了包围巴黎的普军。

[2] 第一次世界大战，下同。

和海军的作战仍一如从前。另一方面，人民倾尽全力支援战争，作为军队的后盾，给军队以鼓舞和支持，这个特点在近年的所有战争中都表现得更加明显……

在当前的战争中，军队和人民已经融为一体，想要分清哪些属于陆海军的范围，哪些属于人民的范围，是极为困难的事情。人民战争真正体现出它的字面含义。

世界强国汇聚人民的力量进行相互对抗。它们在进行陆战和海战的同时，也对敌国人民的肉体和精神进行攻击，以期达到瓦解敌国人民精神、瘫痪其生命的目的。

从总体战上看，战争不单单是军队的事情，而且是直接与参战国的每个人的生活和精神息息相关。

总体战的出现至少包含两方面的原因：一是政治发生变化，这种变化表现在犹太民族和罗马教廷日渐冲突的争霸斗争，表现在削弱各民族和镇压反抗者的勃勃野心；二是普遍兵役制的出现及使用杀伤力逐渐增强的武器装备。

克劳塞维茨所说的战争的多种多样性时代已成为历史，总体战却随着科技手段的日新月异而深入人民大众的生活。比如，随着飞机性能的改善和数量的增加，它不仅能执行投掷各类炸弹的任务，还能够向居民散发传单和其他宣传品。比如，无线电设备，随着其性能的改善和数量的增加，可以执行向敌方进行宣传的任务。

这种变化多种多样，举不胜举。世界大战中，由于敌军作战区域纵深的正面有数百千米宽，以至于在该区域内的居民被卷入战争。所以，我们今天所说的战场，从现实意义上说，它早已扩展到作战国的全部疆域。

在这样的战争中,军队和人民都在不同程度上承受着战争带来的痛苦,而且还间接受到粮食禁运和宣传等活动的影响。这种情况跟战史中所描述的被围要塞的居民一样,他们最终因为战争的折磨和为生活所迫而弃城投降。

因此,总体战不仅针对军队,也直接针对人民。这是无情的和真切的现实,每个国家都会用各类作战手段来为该现实服务。如果用一句老话来形象地描述总体战,那么"以其人之道,还治其人之身"则最合适不过了。如此一来,总体战的所有参战国的民众将承受巨大的精神负担。

但是,战争不会轻易爆发,只有在整个民族的生存遭到真正的威胁、全国民众众志成城决心投入战争时,总体战才会付诸实践。这一特点是由总体战本质所决定的。

以前那种战争,即政府无视民众意愿,以及为实现有限的政治目标而进行的战争,早已成为历史。与总体战相比,这种战争与其说是维护民族生存的道义战争,不如说是纯粹的强盗战争。

在"殖民战争"中,侵略者凭借船坚炮利、训练有素的部队可以轻而易举地灭掉一个民族或者部族,被侵略者则因为生存遭到威胁而被迫反击。对于被侵略者而言,这种战争更具有总体战的性质,因为他们是为了道义而战。

除了这点,可以说,殖民战争是最不道德的战争,甚至配不上"战争"这个崇高、庄重的称呼。因为殖民战争的目的并不是为了维护民族生存而进行的,而是完全出于利欲[1]。

---

[1] 在世界大战中,美国派出庞大的军事力量到欧洲战场对德国人民所进行的战争,就具有殖民战争的特性,因为美国人认为金钱能够拯救世界资本家。

如果我们对总体战的特性进行深入研究，那么便能得出意义深远的结论。从克劳塞维茨至今的100多年里，战争的本质早已发生变化，政治与战争的关系也发生了变化，我认为或许是政治本身先发生了变化。

结合我在上面引用《战争论》的引文可以发现，克劳塞维茨在他所处的那个时代究竟是如何看待战争与政治的关系的。当时，他只关注所谓的对外政策，即处理国家间相互关系、宣战和媾和等问题，而忽视了另外一种"政治"。克劳塞维茨认为对外政策的意义远远高于战争的意义。尽管他对统帅做了一定的评价，但他依旧认为，战争和统帅都是紧密依赖于对外政策的。

为了更好地证明这点，我们再来看看《战争论》的一段话：

> 由此可见，战争不单是一种政治行为而且是一种真正的政治工具，是政治交往的继续，是政治交往的另一特殊手段而已。军事艺术可以在总的方面要求政治方针和政治意图不与该手段相矛盾，统帅在具体场合也可以提出这样的要求，且提出这样的要求并非无关紧要。但是，不管这样的要求在某种情况下对政治意图的影响如何，我们只能将它当成对政治意图的修改，因为政治意图是目的，战争是手段，没有目的的手段永远是不可想象的。

在另一处，克劳塞维茨这样说道：

> 我们再强调一遍：战争是政治的工具；战争不可避免地具有政治的特性，它必须用政治的尺度来加以衡量。所以，从战争主要方面来说，战争就是政治本身，政治在这里以剑代笔，但并不

因此就不再按照自己的规律进行思考了。

或许克劳塞维茨也对自己过分看重外交政策的观点产生怀疑。他在另一处认为战争不仅关系到外交政策，还涉及一个国家的全部政策，尽管他没有触及事情的本质。他这样说道：

这种情况（即政治期待从某些战争手段和措施中得到同它们的性质不相符合因而不可能得到的效果）时常发生，于是，人们就感觉到进行政治交往时必须对军事有一定程度的了解。

"进行政治交往"不但要了解战争本质，让对外政策服务于作战需要，而且须首先了解由战争本质派生出哪些与民族生存各个领域有关的任务，以留待政治去完成。极为重要的是，对于该问题，不但政治家要有一定程度的了解，而且要将它作为民族的共同财富而倍加维护，使之代代相传。

在世界大战前和大战中，政府、官员和人民乃至许多军官，因为克劳塞维茨的学说，对这个现实问题还没有足够的了解。政府和官员不知道战争已经给政治提出的全新的任务，而人民也不知道战争正向和将向他们提出什么样的要求。

世界大战中，政治原本的任务之一是起码要促进人民活力的充分施展，为人民的生活形态服务。而人民则应当众志成城，团结一致，作为军队的强大后盾，甚至不惜性命。

在《我的战争回忆录》中，我阐述了人民的这种生活形态和这种政治所依据的基础。我认为，民族的精神力量是应当被特别强调的东西，它是战争不可或缺的因素，但是克劳塞维茨在《战争论》中却丝毫不涉及。

对此,我在吕蒂希作战的头几天就颇有感言,我这样写道:

这场世界大战和人民战争向我们德国人提出了异乎寻常的要求,给德国人带来了沉重负担。如果我们要赢得这场战争,我们每个人都要倾尽所有,不遗余力,奉献一切。我们一定要了解世界大战和人民战争的真正含义,一定要把生活的困苦和敌人对我们发动的表面上看不容易察觉、但实际却具有巨大威胁的宣传攻势置之度外,必须工作和战斗到流尽最后一滴血汗,始终保持高昂的战斗意志和必胜的信念。

这是一个严酷但却是绝对必要的要求。

陆军和海军,就像德国土地上的橡树一样,深深地扎根于祖国。他们依靠国土生存,从中汲取力量。他们不能生产他们所需要的东西,但是他们可以依靠国民给予精神和物质力量以及人员补充参加战斗。

正是靠着这种力量的支持,他们冒着生命危险在战争中忘我地战斗,以期获得胜利。有这样的军队,我们便能够保障德国的最后胜利。正是依靠这支军队,祖国才能进行这场影响整个世界的大规模战争。至于同盟国的援助,以及根据陆战法对被占领土地的资源利用,则都是次要因素。

陆军和海军一定要不断地从祖国获取新的精神活力、人员和作战物资,并借此保持其战斗力。

国内的精神状态和战斗意志一定要处于坚不可摧的状态。如果精神状态和战斗意志遭到损伤,一定会带来严重后果。战争持续的时间越长,这种危险就越大,困难也会越多,同时,这对增强陆、海军的精神和道德力量的要求也就越发急迫起来。

国家一定要为作战提供最大限度的保障，充分保障人员和物质力量（今天，我认为还要增加精神力量）。

对于后方而言，这个任务并不轻松。后方不但是我们备感自豪的国防力量的生存根基（不允许出现任何裂痕），还是纯洁丰盈的力量源泉（必须保持长盛不衰）。

只有这样，我们的陆军和海军的精神才会保持高昂，其战斗力才会长盛不衰。

人民力量的强大，能够供给军队源源不断的力量。事实上，人民的力量与军队的力量已经水乳交融，不可分割。

军队在前线的战斗力完全取决于国民的战斗力。这就出现了一种史无前例、闻所未闻的局面：国内处于一种为战争而工作和生活的情况。政府和首相一定要对这种生活和工作进行指导，使之长久地保持生机勃勃……历史上没有任何政府像今天这样强烈要求全体德国人民团结一致，为德皇而战……所以，政府的工作和行动对战争的胜负具有决定性作用……唯一的结论是：战斗力源自于国内，表现在战场上。

面对这样艰巨的任务，政治、政府及人民原本应该在世界大战的危急时刻完成。但是，在人民因为作战行动、敌人的粮食禁运和宣传而陷入水深火热之中时，要想完成这样艰巨的任务却要困难得多。

我认为，未来战争一定会在精神、体力和物质力量上，向人民群众提出与世界大战完全不同的要求。在将来，军队对人民，尤其对人民精神团结的依赖性，一定不会呈减弱的趋势，相反，会远远超过世界大战时的程度。

世界大战期间,敌国始终采取一切手段摧毁德国人民的精神团结。同样道理,我相信在未来战争中,敌人除了消灭我国军事力量外,也一定会将瓦解我人民的精神团结作为目标。

战争结束后不久,我在《我的战争回忆录》中这样写道:

> 这种强有力的作战手段(攻击敌人的后方战线)的威力,我们每时每刻都在亲身领受,为何我国就不能利用这种作战手段呢?敌人使我国人民的精神团结遭到动摇,为什么我们不去动摇敌国人民的精神团结呢?这种斗争应当先从国内开始,经过中立国抵达前线。不过,现实是,德国缺少一个强有力的武器:对敌国居民进行粮食禁运。

总体战的本质需要民族的总体力量,因为针对整个民族是总体战的目标。在既定现实的影响之下,战争本质发生了变化。我认为,按照规律,政治本身将发生变化,政治的任务范围将随之扩展,政治必将和总体战一样,具备总体战的特性。

为了使一个民族在总体战中的力量最大化,政治不但提出维护民族生存的力量的口号,而且要极为重视民众为其生存在各个生活领域(包括精神领域)的需求。

对一个民族的生存而言,战争是最大的负担。所以,总体战一定要在和平时期就为战时的民族生存斗争做好充足的准备,稳固这种斗争的基础,让它牢不可破,让它不会在战争的危急时刻发生动摇、出现裂痕,甚至被敌人摧毁。

既然战争的本质发生了变化,政治的本质也发生了变化,那么二者之间的关系必然随之发生变化。克劳塞维茨的全部理论都应当被推翻。战争和政治都要服务于民族的生存，但战争是民族生存意志的最高体现。所以，政治理应为战争服务。

人民群众越具有强烈的种族意识，他们的种族意识就越能得到激励，进而人民群众对民族生存条件的认识就会更加清楚、全面。此外，人民群众对政府那些无视人民意愿而争权夺利的野心和政治手段的洞察力就更加敏锐，就更加会从自身产生一种谋求民族生存和理解总体战需要的政治。这种政治将直接成为种族政治并自愿为作战服务，因为二者具有相同的目标：维护民族生存。

第二章

民族的精神团结是总体战的基础

军队扎根于人民之中,是人民的一个组成部分。人民的力量往往表现在这几个方面上:体力、经济和精神。此外,人民力量还决定了军队在总体战中的力量强弱。

在维护民族生存的战争中,精神力量不可或缺,它能够让军民休戚与共,一致对外。维护民族生存的战争既不是始于昨天,也不会终于明天,它是一场旷日持久、没有期限的大事。现在,每个国家都高度重视军队的武器、装备、训练,不过,只有精神团结才是决定民族生存战争的结局的核心要素。

有了精神团结,人民群众便能向浴血奋战于前线的军队输送新的精神力量,人民群众就会甘心为军队服务,甚至在战争艰难阶段和敌人的枪林弹雨之下,他们也能够始终保持克敌制胜、不屈不挠的信念。

在和平时期,军队因为民族还能维持精神团结的原由而在国家中占据某种特殊地位并不难,不过,随着动员的开展,数以百万计的休假人员返回部队,这种特殊地位就会随之消退。紧接着,人民的精神状态和军队的精神状态也会随之低落。随着战争持续时间的延长,这种情况日趋严重。倘若前线不能取胜,并让胜利的消息给民众和军队以直接的鼓舞,那么这些精神状态将最终消失。

在普法战争中，德国人于1870年8月6日在施皮歇恩和沃尔特，9月1日和2日在色当作战获胜之后，即取胜后数周，法国政府和法国军队失去了联系，当时尚未出现可以取代法国正规军的力量。法兰西第二帝国皇帝拿破仑三世下台后，犹太人甘必大掌握大权，他调动法国人民的积极性，充分发挥他们的力量，让法国人和法国军队携手同心，一致对外。不过，军民团结最终受到了共产主义革命的威胁，尽管共产主义革命没有成功。

在世界大战中，虽然社会民主党在战争刚开始的头几天就想对战争动员进行破坏，但是德国皇帝、人民和军队刚开始是团结的。不过，社会主义革命的思想在人民群众中逐渐有了立足之地，他们通过人民大众、后备军和休假者的渠道，更多地渗入军队。

1918年10月26日我被免职，1918年11月10日皇帝被德国军队抛弃，甚至在军事当局劝告下逃离德国，德国变革演变成革命，人民和军队的抵抗力量被革命瓦解，最终造成军事上的大失败。德国战败了，军队遭到了禁止，德国人民的武装被解除了，精神团结也了无踪迹。

在俄国方面，1917年3月，俄国激进团体在军官协助下推翻了沙皇政权，革命思想波及军队。随着布尔什维克主义在人民群众中的传播，军队被解散，俄国军队荡然无存。而布尔什维克在没有敌人进攻的情况下，组建了一支新军队，不过，这支军队并没有彻底得到大部分人民群众的认可。

从表面上看，人们一般认为，法、德、俄发生革命的显著原因是其内政出了问题。在这三个国家中，国家体制和社会制度好像是被一部分将战争和灾祸归罪于政府的不满的人民所推翻的。

但是，在我看来，恐怕还有其他原因。

在法国，犹太人和共济会[1]在会员的帮助下推翻了耶稣会[2]的统治，他们对拿破仑实行的政策也愤愤不满。人民群众不满情绪的蔓延，以及在德军压力下法国民族精神的强烈觉醒，且被犹太人和共济会利用。他们能够借助这股强大的力量，达到先鼓励法国人民进行抗敌御辱的斗争，进而继承耶稣会的遗产，最终继续统治法国人民的目的。

在德国，犹太人和罗马教廷及其帮凶借助德国社会和经济出现的问题，大肆动摇人民意志，瓦解人民的团结。他们主要通过两方面来达到自己的目的，一方面是通过纯粹资本主义的经济秩序，另一方面则借助社会主义—共产主义的集体化理论，把民族团结当成他们争夺世界霸主的工具。

而人民，其中包括德国人民，不但对此茫然无知，反而满怀希望地去寻求他们所憧憬的幸福，事实上，他们所服务的对象是超国家势力，他们遭受的奴役会加剧，甚至处于被分裂的状态之中。

但是，犹太人和罗马教廷又反过来竭尽全力加深这种分裂。最后，人民群众在肉体、经济和精神上的力量彻底被摧毁，变得羸弱不堪，进而只能在罗马的神权国家或犹太人的世界共和国中存活[3]。

---

〔1〕共济会（又译石工同盟社），是一个国际性的带有神秘色彩的民众组织，提倡博爱、真理、宽容和自我批评，政治上主张建立一个自由民主的世界共和国。该组织最早出现于18世纪初，由英国泥瓦工创立，后相继传入北欧、德、法、中美、南美、南非等地区，并各自有所发展。

〔2〕天主教会之一。是16世纪欧洲宗教改革运动兴起后，天主教内顽固反对宗教改革的主要集团。

〔3〕对此问题，我在这里只简单提示一下。在我写的《近一百五十年内战争的挑唆及人民的自杀》《1914年的世界大战是怎么"干"的》两书中，我对此作了历史性的阐述，并指出人民是如何受超国家势力操纵的。

为达到他们的目的，他们往往采取这样的手段：把皇帝从其中军队踢开，推翻皇帝，消灭旧军队。充当犹太人和罗马教廷工具的还有这些人：自私、呆痴、受骗上当和被"共济会化"的"知识分子"，部分牢骚满腹的工人群众，以及被驯服的、虔诚地崇信罗马教廷的德国人。他们自认为是在按照上帝的旨意行事，然而实际上却是被敌人当成反抗国家和军队的工具。

世界大战爆发前，政府对这些人的活动视而不见，对人民在这些人的活动面前束手无策的情况无动于衷，然而这些人有些还组建了秘密团体，甚至隐藏于军队之中，由此而造成的精神团结的分裂早在世界大战爆发前即显现出来。

虽然军队有义务应对这一危险情况并重视其对未来作战的影响，但是实际上，军队对这一切也是充耳不闻。不过，造成军队充耳不闻是有原因的，因为，但凡指出导致民族分裂的真实原因和可怕后果并被现实证明，就会被扣上从事"政治活动"的罪名，而军人"从政"则是犯罪。

按道理，军队的精神本应该得到加强，虽然政府也为军队讲授一定的君主政体内容的课程（实际上做得很不够），但是，军队对政治生活却敬而远之，甚至远离政治，对政治漠不关心，大部分德国人也是这样。

由于当时民族生存的基础尚未深入人心，破坏分子的活动极容易进行。当时的肇事者应该对这种严重事态负责，而那些无视民族破坏分子的活动以及对此手足无措的政治家们也要承担一定的责任。

不过，破坏分子并未得逞，但他们没有成功的原因并非是政府的干预和军队的介入，而是由于人民精神的觉醒。

民族精神的觉醒让误入歧途的人民大众，在得知国家遭遇战争威胁时，积极响应国家的动员，挺身而出，为民族浴血奋战，而不是拒绝政府的动员，干扰政府动员活动。

在民族生死存亡之际，民族精神展现出来，一部分民众对战争做出的贡献和军队的战绩，在较长的时间内阻止了民族破坏分子的行动。但是，为了消灭他们所敌视的恶果，破坏分子利用了德国人民和军队的力量。

1917年，破坏分子的企图得逞后，他们便利用他们的破坏工具对民族的精神团结进行公开的破坏活动，诋毁人民所做的贡献，甚至将革命思想传播到军队当中，企图摧毁军队的抵抗力。

尽管我曾认为，在和平时期对军队进行广泛的爱国教育，可以避免军队精神遭到瓦解，但是只依靠这一手段显然是不够的，更何况组织这种授课对军官来说是陌生的，因为他们自己在政治和民族意识方面本身就不够坚定，精神瓦解所造成的影响势必日渐明显。

刚开始，我将这种现象的原因归咎于敌人的粮食禁运和宣传。虽然这些影响的确存在，但是实际上，影响更为巨大的是隐藏于民众之中的犹太民族和罗马教廷代表的活动，而他们的追随者甚至还藏匿在政界、经济界和有"世界观"的党派团体中。

最后，二者一唱一和，遥相呼应，变成敌人强有力的传声筒。难道我们不知道坎宁勋爵[1]早在1826年就曾说过，英国具有"艾俄罗斯的风袋"[2]？他说："倘若参加战争的话，我们一定会将

---

〔1〕英国外交大臣。
〔2〕希腊神话中的风神。据说，艾俄罗斯有一只风袋，装有各种各样的风，能在大海上兴起各种风浪。

敌国那些所有不安分守己的人和不满分子，无论他们出身什么背景，都集中到我们的旗帜下。"

而德国的敌人就是根据这一原则，并按照超国家势力的进一步指示将其付诸行动。世界大战期间，由于人民大众不了解这种内在联系，只好任由这些破坏分子对好不容易取得的精神团结进行诽谤和咒骂。

对此，政府要么袖手旁观，要么束手无策。虽然我做了很大的努力，但是政府不但未就此向民众传达其处境的严重性，而且没有采取任何行动，所以，造成德国战败这样的结局也是意料之中的事情。

于是，民族精神彻底瓦解，民众的抵抗能力消耗殆尽。紧接着，军队也土崩瓦解，虽然有些部队在与敌作战中建立了赫赫功劳，但最终却功败垂成。结果，全民族被解除武装，成了犹太人、罗马教廷及敌国人民的附庸，任人摆布。

现在，我想进一步对俄国革命的经过做一番简单的论述。犹太人、共济会会员和罗马教廷通过被他们恐吓和欺骗的俄国人民中的各阶层——不管是不平则鸣的还是纯粹牢骚满腹的不满情绪，推翻了沙皇的统治，瓦解了俄国军队。在革命中，他们利用史无前例的流血和镇压将民族力量扼杀掉。但是，俄国革命最终沦落到犹太人的手中，任其宰割，而罗马教廷因为俄国革命发展趋势与自己的原先预期并不一致，所以，他们对这场革命采取了隔岸观火的态度。

奥匈帝国的革命则具有另一种特征，因为它是一个多民族国家，罗马尼亚、塞尔维亚、克罗地亚、斯拉夫和捷克民族的力量也在这里发挥了一定的作用。不过，如同普法战争中的法国，它也深受犹太人利用，被用来巩固其对虚有其表的被解放的人民的统治。

以上的事例都是重要的战争经验。我举这些例子的目的是为了说明，坎宁勋爵所说的"不满分子"在分裂民族精神团结和造成军队的溃败方面究竟会发挥多大的作用；军队拥有一个精神上团结一致、力量强大的民族作为靠山是多么必要。

只有一支军队成功地在首次进攻中，将一支或者多支敌军，甚至是一国民众或者多国民众的力量一举击败，民族精神或许就没有像我所说的那般重要。但是，这种情况基本上是不存在的，尤其是在对付占据优势的敌人时更是这样。

还有更令人担心的，即随着战争的发展，国内各地的"不满分子"会乘虚而入，在各个领域搞活动，使我军进攻获胜的希望沦为镜中花、水中月。这种可能性越大，敌人就会更加重视和利用它。换句话说，敌国人民甚至会在战争刚开始就发动攻势。这又是一条战争经验！

对任何国家的人民来说，最为迫切的任务是将破坏民族团结的残忍敌人看清楚，分析造成民族精神分裂的原因，并采取措施严惩破坏分子，恢复民族的团结。对总体战的政府来说，最为迫切的任务是，要求总体政治领导推动民族团结（这是总体政治所应担负的民族义务），正如要求民众对敌人要有清醒的认识一样，对民族团结的本质和它的基础也要有正确的认识。

从表面上看，意大利和苏俄的国民似乎非常团结。事实上，只要我们认真考察一下便会发现，这两个国家早已有造成民族分裂的紧张关系。一旦战争爆发，这种紧张关系变化随之爆发。

如果一个民族的团结没有有意识的种族生活和宗教生活的共

同参与，而仅仅是一种虚有其表的、通过压力而达到的团结，那么这种团结绝不是我们所说的人民和军队作战时所需要的团结，它不过是一种生硬的、对国家和政府会产生十分危险作用的幻想罢了。

日本民族的团结别具特色，它是一种精神的、建立在神道教之上的团结。神道教让日本人民群众相信，效忠天皇足以让自己的一生告慰列祖列宗。对日本人来说，效忠天皇等同于效忠国家，这就是日本人宗教生活的内容。这与日本的神道教相符合，也符合日本民族和国家的需要。

今天我们看到，日本人民极为虔诚地信奉神道教，认为天皇是神圣不可侵犯的。日本民族的优点在于，它的种族遗产和它的信仰是一致的，以及建立在这二者之上的日本民族的生活形态也是一致的。

和其他宗教一样，神道主义也蕴含着巨大的危险，关于这点，我不想做过多的叙述。

与日本民族相比，被基督教化的其他民族则没有那么幸运了，日本民族有自己所独有的信仰，从而让人民与政府、军队紧密团结，使日本民族的团结成为国家的基础。

对我们而言，基督教义是一种跟我们种族遗产彻底对立的、外来的一种学说，它扼杀了德国种族遗产，压制了德国民族所特有的精神团结，让德国民族丧失了抵抗能力。关于这点，我将进一步论述。

由于犹太人和罗马教廷无法彻底绞杀各民族的民族血统，所以，各民族的民族价值便被保留了下来。不过，他们并未就此善罢甘休，他们利用了这种民族价值，让各民族之间互相争斗厮杀。但是，我们得承认，基督教义依旧对人民中的个别人产生了影响，他们的结局将是灾难性的。在这些人中，只有犹太人因为符合他们的民族特性而能够根据基督教义生活。

之所以得出上述的结论，是基于我对下面问题进行了认真的思考，即犹太人和罗马教廷为什么能够在世界大战中对为了生存而战的德国民族精神进行瓦解。从战争经验及对历史资料，尤其是对《圣经》进行深入研究中，我得出了上述的结论。

我们在《圣经》中可以发现，犹太人的目的和为了实现他们的目的而用来进行宣传说教的基督教义这种实质一目了然。所以，对于《圣经》，我们一定要以清醒的认识来阅读，而不是被教士的精神所诱惑，带着被弄得神魂颠倒的眼光去拜读。

在认识民族生存基础的过程中，我们一定不要因为认知和基督教义相矛盾而深受基督教义的影响犹豫不决，裹足不前。因为，民族生存的基础极为重要，它不仅是决定整个民族的生活形态的核心要素，它还决定每个国民的人生观及其在民族中的地位。此外，它对一个处于生死存亡关头而奋斗的民族有着重要的作用，它能起到维护民族团结的决定性意义。

有人在背后对我的夫人和我指指点点，说我们是仇视基督教或者出于其他动机而反对基督教义，很显然，这是错误的。的确，我们对那些敌视我们德国民族和民族特性的人怀有敌意，但是我们反对基督教义的原因，我在文中已经说过了。认真研究的结果表明，各民族的特性被为了建立世界共和国或者神权国家的犹太人和罗马教廷弄得支离破碎，而基督教义则是其为了达到该目的而使用的最为得力的手段。

在《旧约全书》里，不管是犹太人的民族之神还是基督教的耶和华，都毫不隐讳地让犹太民族去征服世界各国，统治世界，并为他们指出了达到该目的的途径。罗马教皇则借助耶和华，宣称耶和华的旨意是上帝的戒律，并将之当成证明执行神权统治合法性的依据。

为了应对各民族的违抗行动和谋求自由生活的举动，为了让上帝的旨意得到贯彻实施，基督教剥夺了每个基督教徒的民族精神和种族情感，并告诉他们，履行耶和华的戒律是世俗生活的真正意义所在，遵守这种戒律的将得到丰厚的报偿，即死后能够到天堂享受荣华富贵；不遵守这种戒律的人死后将会被打入地狱，遭受惩罚。

对基督教徒而言，他们在这个世界上活着不过是通往天堂的生活或地狱的生活的一种过渡形式。这种教义让基督教徒成为极端自私的人，因为任何人都想在离开尘世之后获得上帝的眷顾，进入天堂永享富贵，而不是沦入地狱遭受惩罚，承受无止境的痛苦。

通过耶和华的代表（教士），基督教义告诉每个基督教徒，想要死后进入天堂而不是堕入地狱受苦，就要做什么，应当怎么做，让他们过着一种和自己同胞彻底隔绝的、特殊的精神生活。

这种人非常容易被教士从他们的民族中"拯救"出来，于是，这些被拯救者便心甘情愿地任由教士摆布。死后上天堂的希望和入地狱的恐惧都是为了达到这个目的。不过，手段不止这一个，他们还想要彻底解除他们的自卫能力和抵抗能力。于是，基督教义就宣称，上帝决定一切。

结果出现了这样的现象：战争之初作战的各民族都向同一个上帝、同一个耶和华祈祷，寻求胜利，但是正是这个上帝想要将各民族交给犹太人或者神权统治。在基督教徒遭遇天灾时，他们会感谢耶和华，灾难越大，他们的感恩就越多，因为他们认为，这些灾难是耶和华对他们宠爱的表现，此外，他们也对战争所造成的可怕的不幸表示感谢。

按照基督教义来分析，耶和华之所以降下灾难给某人，是为了拯救他和他的民族，让他改过自新。对于基督教义与民族自由之间存在无法调和的矛盾这个问题，基督教徒是不能加以考虑的，因为在宗教生活中，任何思维能力和判断能力都是不被允许的。

于是，基督教徒便成了教士阶层中毫无自卫能力和思考能力的统治工具，犹太人和罗马教廷便能够进一步用精神力量去蛊惑他们，怂恿他们与自己的国家和其他民族为敌。至此，基督教义完成了它的使命。

至此，我们也就找到了，在世界大战中，在破坏分子影响下基督教民族崩溃的根源：基督教义和以教义为基础构建的生活形态，是总体战在严峻时刻导致民族崩溃的最深刻的根源，而犹太人和罗马教廷则推波助澜，加速了这一崩溃的进程。

在世界大战中，虽然德国是一个信仰基督教的民族（许多教徒只是虚有其名），但是我们获得了巨大胜利。之所以能获得巨大胜利，并非因为我们是基督教徒，而是因为德国民族精神的觉醒。正是觉醒的民族精神让德国民族扫除了垃圾，抛弃了基督教义，还原了德国民族的本来面目，并激励了德国民众为民族生存而奋争。

在战争后期，民族精神的消沉提供了一条重要的战争经验：在我们需要运用基督教义来反击"不满分子"的发难时，这种异端邪说并不能使德国民族的持久作战能力得到保障。

俄国的处境也是一个有力的证明。一些信仰基督教的民族能够获胜的原因，并不是因为它们是基督教徒，而仅仅是因为它们的处境没有像德国或者俄国这样，民族团结遭到分裂。

但是，如果用另外一种异端邪说来取代神秘的基督教义，那么对于已经被误导的民族来说，结局可能更糟糕。

德国军民能够坚持4年战争的原因是德军获得了坦嫩贝格之战[1]的胜利和我对德国军队的指挥。德国民族在世界大战中所遭受的苦难，世界宗教生活的濒于崩溃，唤醒了德国民族的觉悟，种族遗产和与其息息相关的民族精神，从来没有像今天这样强烈地重现在德国民众的意识中。

我们不但要维护民族的生存权力，还要维护本民族独特的宗教生活，它能够最大限度地唤醒种族的觉悟。这种精神上的深刻的发展过程，让德国民众知道自己必须要走的道路，擦亮了德国民众的眼睛，让他们能够认识到民族内部的精神联系的重要性，看清种族混杂和外来信仰的危害，让他们在阅读历史书籍、自然科学书籍以及人类精神、民族精神方面的书籍时可以辨别真伪。

我的夫人就是这样做的。在她的著作中，她以精辟的哲学见地给我以启迪[2]：一个民族的精神团结不管是在现在，还是在将来，它都是领导总体战的基础。只有把种族当成种族遗产的需求，将它对上帝的顶礼膜拜变成对上帝的清醒认识，才能让北方基督民族得到巩固的团结。

这一点跟其他民族、种族是一样的，没有区别。它在人类精神的起源和精神本质中扎根，在民族精神本质和作用之中诞生，这是一个真理。但是，遗憾的是，这个真理上百年来被基督教义

---

〔1〕坦嫩贝格之战，也叫坦能堡会战，于1914年8月17日至9月2日爆发，是第一次世界大战东部战线的一次战役。

〔2〕主要指作者夫人的下列著作：《民族精神及其权力的创造者——历史的哲学》、《我著作中的宗教意识》。

剥夺殆尽，造成了民族分裂，成为犹太人和教士的奴役对象，导致我们无法以统一的意志去维护我们的生活形态。

每一种种族遗产都会包含一种该民族所独有的宗教生活，日本民族也一样。它的宗教生活跟北欧民族的宗教生活有着天壤之别，所以，德国血统的民族团结的基础和日本民族的并不一样。

比如，对我们种族遗产而言，控制日本民族的那种约束力，是难以接受的。但是，另一方面，我们也拒绝那种自由主义的、无视他人命运的自由，因为它一定会产生一种让人们沉迷于追逐私欲的基督教义。

就像我的夫人在她的著作中所说的那样，德国的宗教意识对于维护民族生存和构筑在精神团结之上的自卫能力，发挥着重大的种族遗产和本民族宗教生活的意义，并将二者合二为一。

这种宗教意识不同于基督教义，它不是建立在允诺人们死后升天等无法接受现实检验的神话之上，而是建立在颠扑不破的自然科学、人类精神和民族精神之上的。

对于世界上那些无法通过现实检验的东西，这种宗教仪式不会去干预，甚至不触及那些东西。

德国的宗教仪式反对任何外来干涉和压力，它纯属每个德国人个人的事情，跟日本民族宗教意识是全民族的事情不一样，它是通过别的途径来实现维护民族生存目标的。

它深入人心，将每一个不能永生的个人都置于永生的民族之中，并且赋予每个人重大的义务，为完成这种义务我们愿意倾尽所有，甚至献出生命的勇气，让德国民族在薪火相传中变成一个拥有自卫能力、生机勃勃的同命运的集体。

这个集体依靠自己，自己对自己负责，它不会祈求天命或者上帝的帮助。德国的宗教意识使德国维护民族生存的方式与众不同，它和日本那种神秘的强制或唯物主义的胁迫大不相同，和基督教义的、自由主义的自由也有着天壤之别。

德国的宗教意识虽然要求行动的自由，但它赞同为维护民族生存而要受到道德上的约束；为了维护民族的生存，它需要政府领导，但是它却拒绝一切超过这个范围的强制行为，就像我在上文所说的，它拒绝政府领导干预宗教生活。

拥有民族权利保障的道德自由，是德国民族在维护民族生存过程中民族宗教生活的表现之一，是德国民众安享太平和民族团结的基础。

关于民族的精神团结方面，我先谈到这里。我这么做的目的在于说明，什么是德国民族精神团结的基础，怎样获得这种团结，并给领导总体战的统帅和实施总体政治的政府提供相应的对策。

我认为，只有具备坚不可摧的精神团结的民族，才能够在一场总体战中作为军队的强大后盾，才能够忍辱负重，坚持到底。

宗教生活对民族生活形态和维护民族生存的意义是不容忽视的，宗教生活是后者的基础。犹太人和基督教教士对此了如指掌。也因为这样，他们才会竭尽全力让各民族和人们忘却这一点。但是，在民族觉醒的影响下，各民族重新认识到了它的重要性。

德国的宗教意识使德国人的宗教生活得到了保障，它是德国民族精神团结的基础。它和其他民族的"抽象的"宗教生活是不同的，它在推动维护民族生存斗争、军纪和军队训练的发展上起着巨大作用，对总体战的实施也有着重要作用。

只有尊重种族的和精神的法规，各种生物措施在培养健康后代的工作中的作用才能得到充分的发挥，同时，我们要采取措施,不让有害正常生育和人身健康的酒精、麻醉品和尼古丁在市面上泛滥。

只有重视种族和精神的法规(包括健全的经济状况),男人和妇女繁衍后代的责任感才会被激发出来,妇女才会把完成其高尚的母性职责当成民族义务。

只有这样,我们才能够防止出生率下降对军队造成的巨大影响,也只有这样,我们才能够培育出数不胜数的健壮后代,为军队提供充足的、强大的后备力量,我们才能进行总体战,承受总体战所带来的重负。

在宗教生活中塑造民族生活时,一定要重视意志训练这件大事。对后代进行健康的意志训练,让他们成为理解自己的义务、能辨别民族敌人的人才,并且要避免让他们的健康体魄和心灵受到伤害。

保护成年人的心灵和体魄也是民族的义务。在战争危急时刻,男女两性的歇斯底里病人,信奉占卜、星相或虔信上帝的潜在的精神病患者,会对民族的生存造成严重的威胁,尤其是在战争向人民提出更高的要求时,对受到这些精神病患者感染的同胞们而言,是无法承受的。

很显然,这些任务应当由总体政治来完成。就是战争危险尚未到来,但是单单从不朽民族的责任心来看,总体政治做好这件事情也是理所应当的。

我们需要一个身强力壮、精神健康的民族,它坚韧不拔,持续作战,摧毁敌人的意志;它从容淡定,在前线、后方甚至敌占区都能够安然地对待战争所带来的痛苦;它能识别各种危险,并不会因为战争的延长而动摇信念。

总体战是无情的，它要求男人和女人都要尽心尽力，奉献一切。战争不单针对男人，也针对妇女——妇女亲眼看到战争是怎样威胁其孩子和丈夫的生命的。

在促进民族团结方面，妇女具有无穷的精神力量。在男人奔赴前线作战或者从事其他战争事务时，妇女不但只能依靠自己，而且要为人民和军队从事经济工作。

为了繁衍人口，妇女要在战争中冒着巨大的生命危险生儿育女，妇女的这一责任跟男人横戈跃马、奋勇杀敌来维护民族的生存具有同样作用。

不过，犹太人、基督教教徒和神秘主义者并不这么看，他们认为，妇女是没有权力参加战争的，她们只能成为歹毒教士的虔诚信徒和神秘罪恶分子手中的工具，他们这么做是想葬送民族的命运。

但是，德国宗教意识形成的世界观却不是这样的，虽然男女有着性别上的差别，但是妇女也应当和男人一样，享受各种权利，德国应该充分利用妇女天生的本能繁衍人口，增强维护民族生存的力量，让她们在平时和战争的关键时刻，和男人一起成为民族精神团结的维护者。

从民族精神在德国孩子的母亲们身上的强烈表露中，我们发现，妇女完全能够完成这项伟大的任务。如果总体政治想要在总体战中充分发挥和保持民众的最大力量，那么它就要高度重视妇女在民族中的地位问题。在民族和国家中，只有妇女的地位跟男人和孩子相比，不处于劣等地位，而是与男人处于同等地位时（这符合我们的种族遗产），她们才能完成这项伟大的任务。

解决这些重要的民族问题，军队领导要尽心尽力地参与，总体政治也应认真对待并付出努力。在人们尚未意识到民族政治的本质对战争的意义的情况下，它的实施很有可能会被国家忽视或推延，但是，人们一旦认清总体战和总体政治的本质，迟延和疏忽就不会发生——迟延和疏忽会给军队和人民带来严重后果，因为总体战需要民族付出最大努力的时刻何时到来，谁也不能预先知道。

毋庸置疑，国家采取一定的措施，比如：严格的新闻检查，严惩泄露军事机密者，封锁与中立国家的边境交通，取消集会自由、逮捕"不满者"的首要分子，对铁路交通和广播进行监督，等等。起码要做到这些，因为"不满分子"或不怀好意的破坏分子要么是自发的，要么成为交战国或超国家势力、犹太人和罗马教廷代表的工具，或者敌人利用直接的宣传，对我们的民族团结进行阻挠和破坏。我认为，用最认真的态度，最严厉的手段对待这些人是极为必要的，因为它关系到民族的生存问题。

就算一个民族的生活是建立在种族认识和种族所独有的宗教生活之上，进而获得一个健康的、而不是以异端邪说为基础的有害生活方式，我们依旧会发现，在这个民族中，仍然存在着一些危害民族生存的破坏分子。

所以，政府一定要采取预防措施和严刑峻法，来阻止这些破坏分子危害人民群众的行为得逞。除了种族所独有的宗教生活外，这个世界上再也没有一样东西能为一个民族及其成员的生活形态提供一个健康的基础。

至于个人走什么样的道路，任何人包括国家都不应该干预，而应当完全听从个人依照自己的特点去选择。国家能做的是保证人民不遭到破坏分子的伤害。

为了确保国民的权利不受侵犯，采取上述措施是理所当然的，否则就是形同虚设。

在漫长的战争中，禁止民众发牢骚好像是不可能的事情。于是，那些"不满分子"便乘虚而入，悄悄地搞活动，并日渐猖獗。这些是世界大战给我们的经验教训。当时，国家已经丧失了控制力。但是我知道，就算国家采取相应措施，随着战争的延续，国家仍然无法彻底阻止"不满分子"的活动。全体国民的素质太差，特别是缺乏精神团结的基础。

在这方面，总体战和总体政治不仅要预防和阻止不满分子破坏民族团结，还要掌握其他能够利用的手段，比如新闻、广播、电影以及各种出版物等。但是，政府只有清醒地认识到人类精神和民族精神的法规并对它给予足够的重视时，才会采取正确的措施。

维护民族的强大精神力量，是不可能通过机械方法达到的，而是要充满情感地去塑造。我们无需要求士兵随身携带歌德的《浮士德》[1]，但是我们一定要让士兵们熟知席勒[2]对自由的炽热追求的诗歌，因为它能激发和巩固士兵们的英雄气概。

在世界大战中，我们缺少一个蒂尔陶依斯[3]，而我们所谓的"自由歌曲"却是犹太人的"向上帝祈求正义"或是《守卫莱茵河》一歌中的"愿祖国升平"的诗句，在当时，德国人民的生活和家园正处于危难之际，德国人民正在为民族生存而奋斗。当时，政府对"精神动员"以及它对德国的民族精神和每个德国人的精神的作用一无所知。

---

〔1〕《浮士德》，歌德的代表作。
〔2〕席勒以自己的诗歌激励部队作战。
〔3〕斯巴达克的部下，他通过其歌声使斯巴达克的军队取得了胜利。

在这些领域，总体政治不但是战时政治，而且是民族政治。为了保证这种民族政治的作用得到充分发挥，政府应该在平时就创造一个可以根据民族宗教意识塑造生活的基础，而不是到了战争爆发时才着手做这件事情。只有这样，我们才能够确保防范"不满分子"活动的各项措施和维持精神团结的努力获得成功，只有这样，我们才能够以一个团结的民族去阻止"不满分子"的破坏活动和流言蜚语。

一个成熟的民族要求它的政府讲真话，不但要把平时情况，而且特别要把战时情况公布出来，否则"不满分子"和造谣惑众者会趁机肆意行动。但是一个成熟的民族也深知，政府不可能保证每时每刻都向公众公布真实消息，因为敌人往往会从公布的真实消息中获得重要情报，使战争无法继续进行。所以，新闻报刊和官方公告都要经过特殊处理。

如果总体政治对此丝毫不以为然的话，那么会酿成大错。不过，事情的最后结局肯定是政府当局会将事实真相告诉民众。德国政府因为没将1914年9月9日在马恩河战役失利及其作战造成的影响如实通告人民，结果得到惨痛的教训。

战前和战时的经济状况极有可能会成为民众出现不满情绪的深刻根源，它甚至还会对民族团结造成巨大的威胁。但是，事实已经证明，经济状况并不是首要的问题，而是社会民主党借助他们的理论最终造成了民族团结的分裂。

虽然一个自觉坚持总体战、团结一致的民族能够忍受物资匮乏、食不果腹之苦（大部分德国人在世界大战时正是这样做的），但是我们也知道，经济状况的困难都会成为"不满分子"的手段，他们会破坏进行中的战争，阻碍我们获得胜利，损害民族团结和抵抗意志。

随着经济状况的每况愈下，一些丧尽天良的人，其中有些是富有的德国人，极力压榨穷人，从而造成经济供给出现问题，对此，我们将在下一章进行论述。这里只简要地提一下它与民族团结有关的部分。

只有在民族团结产生民族特有的宗教意识至上的民族生活观时，我们才能借助改善经济状况来实现民族团结的目标。此外，这种民族宗教意识还包含道德自由，关心劳动群众，以及对发展壮大、能征善战的民族的整体利益的尊重。

克劳塞维茨的《战争论》没有涉及民族团结在战争中的必要性。近百年来，人民群众备受重视，由沙恩霍斯特倡导、博因继承的普遍义务兵役制，让人民群众的作用更加受到重视。

普遍义务兵役制将人民和政府这两个长期以来各过各的因素再度联系在一起，并让政府在战争危急时刻想到了人民群众的力量。在这里，人们不再是只缴纳税金和"俯首听命"的角色，而是成为保家卫国和支持政府的重要角色。

认为人民群众只能俯首听命的观点由来已久。比如，在我军钢盔的雕像上还有这样一句话："保佑国王和祖国。"这句话将战争当成政府和军队的事情，而将人民群众排除在战争之外，所以，人民群众的潜力没有得到充分的挖掘。

今天，在总体战中，"人民"这个词及这个实体，已经得到广泛的重视并带到战争第一线。而民族精神不管是在平时还是在战争危急时刻，对于维护民族生存的价值已经得到了大家的认可。固然，在总体战中，虽然保家卫国和维护民族生存是密不可分的整体，但是在总体战中，作战的是人民而不是国家。

人民中的每个成员都要倾尽其全部力量，为作战前线或者后方提供支持。想要让民众这样做，就只能将"战争是为了维护民族生存"这句话作为毋庸置疑的事实，而不能只是口头禅而已。

在总体战中，人民群众是核心，政府与军界务必考虑人民群众这一要素，总体政治要为总体战提供人民的力量，并服务于维护民族生存。

只有尊重种族的和精神的法规，才能够把民族、作战和政治凝聚为一个强大的统一体，作为维护民族生存的基础。

# 第三章

经济与总体战

经济不是死东西，它充满了活力。人类通过在土地上辛勤劳作，采挖矿藏，加工粮食和原料，来满足人们日常衣食住行的需求——这一切都要靠广泛利用技术手段。

人类只有依靠技术，才能获取力量。技术不是死东西，它也充满活力。它通过善于使用它的人的正确操作，也能够为维护民族的宗教生活的事业服务。

人类通过头脑和双手赋予经济以生命和力量。在提及经济是有生命的一方面后，我准备谈谈"死的"经济，也就是，跟民族的生存及人民和军队供给相关联的原料问题。

在经济领域，军民成为一个强大的统一体。对于这一点，总体政治和总体战领导在平时应该有充分的认识。他们一定要认真对待下面这些重要问题：依靠国内的力量究竟能给全体民众的生活需求（包括军队尤其是作战）提供什么样的保障？一定要从国外进口的原料有哪些？战争爆发后，进口是否能够维持下去？国家的出海口是否依旧畅通？它会不会因为海战或者敌国封锁而被封闭？

出海口被封闭这种情况在世界大战中就发生过，当时因为英国海军在北海和波罗的海活动，以及意大利和法国的海军部队在地中海活动，德国和奥匈帝国的出海口被迫封闭。

对多数国家而言，因为遭到封锁或者限制而造成的供给问题是必须事先考虑的大事情。甚至海上霸主——英国的供给，也在1917年夏季因为遭到德军潜艇的袭击而受到巨大的威胁。

与人民和军队的经济供给有着密切关系的另一个重大问题，是国家的金融状况，以及国家为战争动员和作战将要采取的财政措施。

这是总体政治可以为总体战服务的大领域之一。如果进行的是一场短期战争的话，那么总体政治完成这一任务并不困难。未来的欧洲战争极有可能是一场短期战争，各国在创建部队时一定都以速战速决为战争的着眼点，因为短期战争既无需以巨大的经济和财政力量为代价，也不会危害民族团结。

这是人们所希望的，但是谁能够保证这种愿望实现呢？世界大战前，"军事领导和政治当局"也曾这样认为，未来战争只不过是一场短暂的战争而已。不过，我在发现我军的弹药供给问题后，曾严肃地指出，战争或许有另外一种可能。尽管事情按照我预料的方向发展，但是我本人也没有想到，战争竟然会艰难地进行4年之久。

对于每个国家在整个经济领域包括财政领域，应当采取哪种措施，我无法做出回答。

因为，我们无法提出共同遵循的基本原则，如果非提不可，那么只能是这样含糊不清的回答：一定要保证人民和军队的供应充裕，一定要确保战争的进行。但是，这说起来容易做起来难，而且这种情况从来就没有实现过。

现实和理论完全是两码事。将理论付诸实践，其结果如何，在很大程度上要视战争的实施而定。我在下面会讲到一些措施，大都是以大战前和大战中的德国经济状况和当时的作战情况为背景的。

对于下面的问题，读者可以根据自己的见解进行相应的回答。这些问题是：在经济领域，各国军事领导人究竟该向总体政治提出哪些要求？这些要求一定要实现的究竟有多少？能够实现的有多少？

对于1914年的战争，德国并未做好经济和财政上的准备，只在财政动员方面采取了充足的措施。我先谈谈德国在这方面的情况，方便读者了解德国金融状况和一场战争对一个国家财政的要求，让读者对经济与财政跟战争之间的关系有一个大致的了解。

德国档案文献《世界大战——军事装备和军事经济》中记载：开战之初，德国中央银行有20亿金马克储备，其中包括3亿马克的帝国现金。按照规定，发行纸币前一定要存有三分之一的黄金准备金（战争时期只能是这个数字），法国、俄国的黄金要比德国稍微多一些，奥匈帝国的财政状况则比德国更加糟糕。英国的黄金储备虽然少于德国，但其在稳定财政方面却胜过所有参战国。

在当时，国际尚未有外汇管制，所以在这里，我们不对外汇即不同国家相互支付手段的情况作说明。

这样，在当时，德国可以发行60亿马克的纸币。由于在德国经济中有20亿金马克的现金在流通中，所以，德国一定要发行18亿马克纸币，以满足当时的金融需要。

这样一来，德国在对黄金准备金不会造成任何威胁的前提下，尚可发行42亿马克的纸币。

但是，战争的头一个月（包括战争动员），德国就花费了45.2亿马克，结果导致发行的纸币量远远超过了法定的准备金的限额。此外，除了战争消费，其他方面也都需要花钱。

战争爆发后，虽然经济状况整体呈现正常运转的态势，但是由于人民不知道战争究竟是怎么回事，所以他们急急忙忙到交易所去抛售各种证券，从储蓄所和银行提取现金。

对于这种情况，政府要想方设法应对。当时，还好政府有信贷支付手段，以维持经济的正常进行，并为军事装备工作服务。

为了达到这个目的，当时德国中央银行发行了15亿马克债券和20亿马克小额银行纸币。这些纸币和债券大部分早就准备好了。这样就足以供动员时国民经济和军队的最初需要。1914年7月31日，德国关闭了全部交易所，而英国也于当日关闭所有交易所。

而在此之前，所有国家都已经采取关闭交易所这个措施。8月1日，德国政府公布了财政动员措施。德国政府是以德意志帝国稳固、健康的财政为基础而采取了这些措施。当时，德国外债只有50亿马克，法国外债则有280亿，俄国190亿，英国141.2亿。

帝国档案文献是这样记载的：

对于德意志帝国来说，情况也是这样，它要拼尽全力，控制可怕的金融恐慌。但由于政府有关当局和德国经济界首脑的富有远见，以及在近10年建立的财政组织，在关键时刻经受住了严峻的考验。

现在我们可以看出，在各界人士的不懈努力下建立起来的德国金融信贷事业是多么重要，德国金融信贷事业因为经济的迅猛发展而拥有广泛雄厚的基础。因为这一点，德国经济的财政基石才能够扛住战争恐慌所带来的冲击，才不至于造成德国经济出现特别大的困难。

8月1日，德国国防军动员令下达的当日，也同时进行了财政动员。按照计划,政府将尤利乌斯塔[1]的帝国战时金库(存有1871年法国向德国所付赔款1.2亿马克和特别储备金8500万马克)和手头的现金以及帝国的其他储备金(共计3亿马克)全部移交给德国中央银行,用来增加银行货币存储量。而陆、海军动员所需之经费,则主要从中央银行的短期贷款中拨付。

按照计划,用于经济界和商业界的巨额信贷资金,则从中央银行贷出,并在德国各大城市及时设立小额贷款处,用来抵消商品和有价证券的大量款项。

按照政府所授予的权力,中央银行统一把短期无息国库债券和政府汇票和商人所持有的可兑换汇票一样,作为其纸币保证金。

为应对紧急情况而储备的钞票(20亿马克小额中央银行纸币)也统一交由中央银行支配,用于市场流通。

为了配合早已颁布的法规草案的实施,中央银行实施强制汇率,免除现钞兑换黄金的义务。这个措施是德国为了民族生存,为了渡过难关,而迫不得已采取的强制措施,它意味着政府废弃了经受40年考验的金本位制。与此同时,因为战争的需要,德国政府也在很大程度上限制了中央银行相对于国家的财政独立地位。

然而,除了上述措施之外,德国政府既没有采取任何其他战备措施,也没有要求德国财政大臣做好非常时期实施财政计划的基本方针的工作。财政部门对为保证作战胜利筹措必要资金的途径自行决定。

虽然德国于19世纪末才开始在金融市场上巧妙地运用信用这

---

〔1〕位于施潘道古堡上的一座塔楼。1914年前,塔楼内存放有法国支付德国的部分战争赔款及其他款项。

种手段，但是在过去的125年中，由于国民生活日渐富裕，没有必要因为财力不济造成战争功败垂成而担忧。我们可以断然地说，为捍卫祖国的利益，不但有作战能力的德国人会响应国家的号召，奔赴前线，奋勇杀敌，而且后方的全体人民也会自愿承受巨大的物质牺牲。

对这样一个国家（认为黄金准备金不可或缺但是却没有认识到金融的本质）来说，唯一能做的就是选择适合的财政动员措施。此外，它还要实行其他经济措施。我记得，当时德国政府采取了延期偿付的措施，进而推迟了偿还债务的时间。

鉴于世界市场已经不再对德国开放，德国政府为了将战争进行下去，只好采取在国内借贷的方法，民众购买内债的金额高达840亿马克。德国政府和英国政府不一样，没有采取增税政策。事实上，英国等敌国在很大程度上是借债过日子，这点举世皆知，无需多言。

在美国参战之前，犹太人和罗马教廷的世界资本家就假借美国的名义，提供大量资金给德国的敌人，后来，美国参战了，它的目的是收回它的资本。

由于世界大战和世界资本家造成的经济灾难，导致各国财政出现大混乱和动荡，除了英国的财政状况差强人意。在这样的情况下，当今各国究竟能为战争筹集多少资金，的确是个未知数。

倘若未来战争正如犹太人和罗马教廷所预期的那般，那么世界资本家一定会拿出大笔资金，投入战争。当然，像在世界大战中一样，他们这样做的目的还是将所谓"战胜国"及其民族纳入犹太世界共和国的经济集体中或者是当成罗马教廷的神权国家统治的一部分。

这种事情已经在世界大战后那些战胜国那里看到了。奥匈帝国将军蒙特库考里曾经说过,战争首先需要的是钱,第二还是钱,第三仍然是钱。腓特烈大帝也反复强调金钱和军队实力之间的紧密联系。腓特烈大帝之所以能够进行7年战争,是因为有英国财政的大力支持。

长时间以来,金钱对战争的重要性一直为世人所认可。我们的祖先没有金钱却依旧能够作战,那是因为当时的战争完全是人民群众的事情,但是今天已经不可能了。

但是,总体政治可以通过其他途径来维持作战和民族的生存,而且这些途径已远远超过1914年德国战争动员对财政部门所采取的措施。

我认为,只要战争获得了国内支持,那么它就能筹集资金以供作战之用。当然,这里有个前提,国家不能违背健康的财政管理的基本原则,否则军队将会受到危险的反冲击。

一定要从国外进口民众生活和作战所需的物资时,情况则彻底不同。因为,国内的支付办法跟国际上的支付办法是不一样的。现在,如果没有外汇,国家只能动用黄金购买国外货物,如此将对国内币值产生影响。但是,战时,也只能这样做。

世界大战爆发时,政府对德国发行银行和中央银行的独立性进行了最大限度的限制。这是正确的做法,今后应当对此加以重视。尽管当时由于道威斯计划[1],中央银行相对于国家的独立地位比任

---

[1] 第一次世界大战后协约国提出的德国赔款计划,由美国垄断资本代表道威斯制定。计划规定:赔款数额逐年增加,即由第一年的10亿金马克增加到第五年的25亿金马克,德国以主要财政收入作为赔款的担保;德国在协约国监督下成立纸币发行银行,并举借2亿美元外债,以稳定币制。

何时候都高，但是总体政治要求发行银行置于国家权力之下。

在许多国家中，金本位制成了经济发展的障碍。对我们而言，金本位制的基本原则就是流通的货币必须要有三分之一的准备金，但它在世界大战中被废弃了，现在德国政府的准备金数量极为有限。

借助阴谋诡计，世界资本家威逼各国人民使用一种"国内货币"。这种货币的保证金立足国内，它的币值跟以前的币值完全不同。在国际贸易中，各国如果确定另外一种价值标准，那么不再使用金本位制也是可以的。

不过，这都是以后的事情了。倘若人民群众不去银行存钱，而是将现金留在自己的家里，那么国内币制便形同虚设。

对一个国家来说，只有它保证货币能够正常流通，它的金融业才会长久地保持健康发展的态势。大范围实行无现金交易，如果从财政技术角度上看是确实可行的，那么它将会给人们的经济生活带来重大的变化。

金本位制、币制在一国人民的经济生活和作战方面有着极为重要的作用，所以，它们应自始至终致力于为总体战创造一个坚实的财政基础。

在前文中提到的"战争恐慌"和全体人民乐于承担的"物质牺牲"表明了，在经济领域，民族的精神状态对保证战争的进行具有极为深远的意义，它表明一个领域对另一个领域产生极为巨大的影响。总体战也不例外。

如果国家不运用另一种全新的货币制度，那么不安定因素和"战争恐慌"就会进行破坏活动，比如提前关闭交易所，限制从银行和储蓄所的提款数额。至于牺牲方面，政府只能袖手旁观，因为它没办法代替民众募捐和认购，除非它采取强制募捐和认购，但这是不可行的措施。因为，大多数人的口袋里并没有钱。

无论如何，为了总体战的准备和实施而采取的财政政策，一定会对民众造成巨大的影响。

在人民将为国家的生存献出生命当成一种应尽的义务，而将倾尽家财看成是一件不愉快的事情时，这种影响会更大。如果人民认为全民族是一个同命运的集体，自己又是其中一员，那么这种影响才会小一些。

在这里，民族精神团结的意义和一个民族对总体战彻底地理解所具有的意义，可谓清晰明白。只有这样，那些"不满分子"的阴谋活动才会失去立足之地。另一方面，总体政治要做到秉公执法。人民群众为了民族的生存而慷慨解囊的钱财，一定要全部用在公事上，官员不能贪赃枉法，更不能沦为窃取民财的盗贼。这种事情在世界大战中就曾经发生过。

当时，人民认购战争公债的目的不是为了捐躯，而是为了维护民族的生存。世界大战的经验清楚无误地表明，必须彻底肃清上述现象。只有这样，我们才能够在财政领域实现和维护民族的团结。

财政的组织在为人民和军队提供各种生活必需品和作战器材方面有着至关重要的作用。首先，对于人民和军队以及总体战领导来说，战时如果一个国家所拥有的由本国资源提供的补给品、饲料和原料越多，那么好处就越多，越容易实施总体政治。但是，这种情况在现实中至今没有出现过。

人民，尤其是作战的需求各种各样，单纯依靠国内供给是不可能满足的，只能部分依靠国际贸易。如果一个作战国的国际贸易被掐断，那么它的物资供应便会随之被切断，它的人民和军队的需求便得不到满足。所以,每个大国都应在和平时期就努力在至少战时能够自给的领域实施自给,进而从国外进口本国所需的原料,进行大量储备,保证人民的供给和军队的装备维持在一定的水平。

不过,进口需要大量金钱,而这些钱又是在国家财政状况不稳定、恶化,以及货币不稳定情况下筹措的。为此,国家被迫拿民族自由去换取世界资本家的资助[1]。

这种情况因各国情况不同而有所区别,其中地理条件就是一个重要因素,比如,它是否与中立国为邻,是否濒临海洋。

所以,世界各国虽然都是为了民族生存而战,但是在经济领域所做的准备工作的方法和方式却大相径庭。如果一个国家的供给在遭到严重破坏后却能基本维持,那么跟一个战时只能通过中立国和海洋少量进口的国家相比,它对进口的依赖度就要小得多。为了方便读者看清这个问题,我将谈谈德国人民在世界大战中的经济供给情况。

人民和军队的食品、饲料、燃料供给是头等大事,这是众所周知的事情。对于这个问题,我后面会详加评论。为了工作和战斗,人首先要生活和维持生命;马匹和牲畜只有依靠饲料才能维持生命;机器只有依靠燃料才能运转。

但凡经历过世界大战的德国人都记得,德国的粮食和饲料供给每况愈下的情况。

---

[1] 在世界大战中,美国和世界资本家拿出几十亿贷款来援助我们的敌国政府,以便我们的敌国将战争进行下去。现在,这些世界资本家并不着急从这些国家拿回贷款。不过,这些受援国的人民的依附地位却更加明显了。

当时，德国政府所做的一切，都是为了让德国民众的食品需求得到保障，让牲畜的饲料供应得到保障。

我在东线时，饲料非常缺乏，为了让马匹填满肚皮，我被迫命令士兵将锯末混入饲料，结果马匹的健康和体力遭到了严重的损害。在罗马尼亚对德宣战后，我下定决心对罗马尼亚作战，直至占领瓦拉几亚地区[1]。这次作战的基本指导思想是改善中欧诸国的粮食供给状况。

1918年，我将东线战场延伸到乌克兰，也是基于供给的考虑。或许我可以在很大程度上扭转中欧各国的粮食供给情况（奥匈帝国的情况远比我们糟糕得多），但是我无法从根本上解决这个问题。

因为粮食匮乏进而对当时的婴儿或儿童的影响，至今依旧留有痕迹。因此，我在世界大战后便反复指出德国农业必须自给自足，目的就在这里。我认为，这是一条颠扑不破的原则。

世界大战爆发前，德国每年要进口小麦100多万吨，据一份备忘录记载，进口最高数额甚至达到183万吨。饲料，国内只能提供需求量的20%，其余80%（约800万吨）要依靠进口。这些事实表明，在很大程度上，德国的粮食供给需要依赖进口。

至于黑麦、土豆和肉类，国内还能够提供足够的数量。但是，我们没有储备任何谷物和饲料。这大致有几个方面的原因：首先，政府对这个问题缺乏足够的认识；其次，政府认为战争是短期就能结束的事情，且政府并没有储存这些东西所需的经费——约10亿马克；最后，农业和商业的相关人员都投反对票，

---

[1] 指罗马尼亚境内南喀尔巴阡山同多瑙河之间的广大地区，盛产粮食、石油。

他们担心,政府在更新库存的粮食时会调节粮价,造成中饱私囊的企图破灭。

在这样的情况下,粮食供给出现问题,运输又宣告中断,造成动员后不久灾难降临便是正常不过的事情了。虽然相关人员尽心尽力地做事情,但是因为工人、马匹和肥料的不足,土地耕作不良,粮食大幅度减产,给人员、牲畜造成的困难有增无减。

现在,由于军队在很大程度上实现机械化,马匹和饲料的需求量便大幅度降低,农田可施用丰富的氮肥,使产量增加,我们的处境比世界大战时要好很多。

当时由我倡导建立的洛伊纳工厂[1]对于在总体战中维持民族力量方面具有极为重要的作用。

其他食品和享用品,如蔬菜、豌豆、扁豆、米、咖啡、茶以及牛奶、蛋、黄油等,在战争初期没有做好充足的储备,无法供人民和军队较长时期内食用。

在和平时期,陆军和海军管理部门已为平时、动员时期和战争初期的补给储备有一定数量的给养和饲料,所以,军队能够在战争初期按照计划提供补给。军队依据要塞的供给制定了特殊的计划,让各个要塞能够坚持数月。同时,在世界大战即将爆发的那段日子里,政府也极为重视大城市和工业中心的供给。但是,遗憾的是,很多计划和设想都没有实现,最终导致战争期间德国陷入危机之中,粮食补给捉襟见肘。当时采取的一些措施中,有

---

[1] 德国生产氮和合成汽油的工厂。创立于1916年,最初生产合成氨,后转产军工重要产品氮和合成汽油。

些是正确的，比如面包票，有些则是错误的，比如有名的屠宰生猪。乃至到最后，政府对要塞居民实行配给的方式，对全民施行粮食定量分配制。对重体力劳动者，政府则按军人的标准实施分配，因为他们必须获得足以维持其体力的粮食。尽管如此，贫困依旧随处可见，在广大底层民众中尤为明显。

出于真正的民族情感，广大人民群众拿到了国家分配的那一部分。但是，有些人却中饱私囊，祸害国家。这可能是国民愤懑不满的根源，最终损害了民族团结。

在补给方面，对人民来说，衣服是生活中最重要的必需品。但是，做衣服所需要的原料，如亚麻，国内只能够提供极小的一部分，而羊毛和棉花则彻底依靠进口。

1914年，德军的服装还有一定的储备，制作居民衣服所需要的原料在服装厂和商业部门也有一定的储备，足以保证个人服装在一定的时间之内的供给量。羊毛和棉花在纺织厂也有3个月的储备。但是，战争对服装业的影响与日俱增。

随着战争的发展，服装原料进口大受影响，而前线部队对军装的要求量激增，造成了服装原料严重短缺。贫困地区的民众，在战争爆发时，他们认为眼前的衣服还够穿，便没有储备。所以，政府也对服装实行配给制。

这个时期还生产出了羊毛和棉花混纺的代用品，不过用这种原料制作而成的衣服质量很差，容易损坏。至于可以代替羊毛和棉花的人造纤维，在当时则尚未出现。

制作皮靴和马鞍所需要的皮革，国内却没有储备，无法提供，平时主要就靠进口。所以，在战争期间，随着皮革的需求量大增，政府也只好像衣服那样实行配给制。

有关服装问题我就说这么多。很明显，在总体战中，服装问题和粮食问题一样具有重要的作用，因为它不但与军队有关，而且与民众息息相关，换句话说，它不但关系到军人的生活，而且关系到人民的生活。尽管我们要承认，前线作战的将士理应获得比后方民众更好的优待。

服装问题也与民族问题紧密相关。没有衣服穿的苦楚不但影响军队，也影响民众，特别是那些衣服易于破损的手工劳动者。对总体战领导和总体政治来说，对服装问题进行颇有远见的安排是一个非常重要的问题。和原料问题一样，服装问题与国家的财政组织和国民经济有着较为密切的关系。

所以，在和平时期，政府就应当储备大量服装，以便军队动员之用。当时，我们还在俄国设立了一些特别军用被服局，与私营企业合作，共同生产服装，以供平时和战时之用，当然，在战时，它们的工作异常繁忙。

将来，因为对粮食和服装的需求量问题，政府将被迫实行配给制。

经济的另一重要任务是，用各种战斗装备武装军队。当然，这也是一国总体政治的重要任务之一。对于技术器材的作用我会在下文论述。但是，我可以不假思索地说，武器、弹药、器材、军舰和坦克等作战物资是军队必不可少的东西，并且某些设备的需求量非常巨大。

如同其他工业一样，军备工业的基础是煤和铁。世界大战爆发前，德国的煤和铁的存储量是足够的。当时，德国拥有洛林铁矿，而煤的问题也能得到解决，唯一要处理的是劳动力不足的问题。下面我还将讨论这个问题。

1913年，德国的许滕-施梅尔茨企业冶炼铁矿4000万吨，其中有1150万吨是进口的；其中部分铁矿石含铁量较高，比德国本土的铁矿石好。

战时，德国只要能确保通向北部瑞典的海路畅通无阻，我们便能享受从瑞典源源不断输入的优质铁矿石。所以，我们无需担心战争期间是否拥有足够的铁矿以及从其他国家进口铁矿这些问题。

但是，铁矿的情况并不适用于一些军备工业所必需的其他原料。比如德国缺乏最重要的炼钢金属及其他重要金属，我们看下面的报道：

德国工业所需要的金属基本依靠进口，如果没有进口，那么德国高水平的钢铁工业的发展一定会遭到严重的影响。虽然德国对这些矿石的需求量不多，但是它们的作用巨大，它们对钢、铁的质量及用这些钢铁制造的产品的可用性有着至关重要的作用。

德国国内只有铅和锌的产量能满足制造国内产品之需要，其他金属则大部分甚至全部都仰赖于国外。软金属铜这种几乎所有工业都需要的金属，国内在平时只能提供需求量的20%，更别提战时。

一些炼钢必不可少的金属，如钨、铝和锑，还有镍、铝、锡等，除了几种国内能提供小部分之外，其他全部要从国外进口。锰矿石这种钢铁工业炼钢所需要的最重要的原料，德国则全部要从国外进口。倘若从俄国、西班牙、巴西和印度的进口出现问题，那么将会出现原料严重短缺的后果。

这段引文说的是和平时期的正常经济和军事装备的生产问题。战时，因为炼钢金属及辅助金属的储备量严重不足，一定会给弹药生产和发动机的制造带来不能克服的难题。

众所周知，跟铜等软金属一样，钢和淬火钢是火炮和弹药的生产中不可或缺的原料。我们不可能忘记，在世界大战中，德国因为各种金属的严重短缺而不得不挨家挨户回收铜器，以缓解原料不足。但是，这只是杯水车薪，根本不能从根本上解决原料不足的问题，最后德国在犹太人帕尔武斯·海勒普汉[1]的帮助下，从丹麦运来了铜。后来，此人成为社会民主党的朋友和"名人"，破坏了德国经济。

除了私营军工企业（如克虏伯企业、莱茵金属制品和机器制造厂、索林根-苏尔武器制造厂、勒韦公司、毛瑟工厂）为了军队制造武器装备外，还有国营工厂，比如施潘道军工厂、机枪厂、炸药厂及其他工厂。

军工企业的工作非常繁忙，它们所生产的产品质量较好，但是数量不足，不敷使用。在这里，我要提一下，我为增加炮兵弹药储备的无效斗争将会载入史册，同样，我为军队装备各种技术器材和实行普遍义务兵役制所进行的斗争，也会青史留名。

虽然我对即将爆发的战争本质有所了解，但是对弹药的实际需求量的估计却大有出入。现在，依旧有人认为，好像当时军队相关部门对技术、器材装备的估计不足。但是，这是错误的想法。

遗憾的是，当时政府一心扑在财政问题上，造成许多必不可少的任务没有完成。当时，政府当局在一段时间内信奉财政至上

---

[1] 帕尔武斯·海勒普汉，德社会主义理论家、政治家、商人。1867年生于苏联明斯克的别列津纳，1923年死于柏林。早年参加德团共产党，在巴尔干战争和第一次世界大战中，由于大胆经商成为百万富翁，曾在财政上给俄国革命以大力支持，1917年返回俄国。

的理论，提出了这样的原则："没有储备金就没有支出。"

这种情况直到战争爆发前才有所改观，政府才采取特别措施，筹集必要资金，大力改善军事装备，但为时已晚。我们要吸取这种经验教训。

看看各国报纸，我们便能知道各国军事工业的盛况，以及各私营企业获得的高额利润，这便是上述战争经验极为有利的证据。

我们可以这样推断，未来战争中所有军队的军事装备数量将会是史无前例的，更不用说随着军事技术的发展，军事装备性能会得到更好的改善。

在一系列有军备工业的国家中，德国算不上先进的国家，所以，德国要重新组建军备工业，不但要重建因《凡尔赛和约》而遭到破坏的军备工业，还要扩大规模。

不过，我们首先急需的是训练有素的工人，但这并不是一两天就能办成的事情。

在动员情况下，非军工厂也可生产军工产品，虽然它们只能生产专用产品，比如引信等。

在总体战中，装备的补充、制造以及弹药和装备的维修是大工程，其范围的广泛程度是人们难以想象的。世界大战的头两年，我们就没有考虑到这个问题，结果士气低落，人民怨声载道，白白损耗了许多力量。

自1916年8月29日我到德军最高统帅部任职后，我才开始采取补救措施。在作战的大后方，我调集大量的人力来为军队工作，但是这种作用要在数个星期之后才会看到。

我认为，和许多战争一样，未来的战争需要更多的兵员，需要更多的军事装备。

想要解决这个问题,就一定要有足够的制造装备的原料和劳动力,要有足够的现金或外汇,这样才能够在必要的时候或者可能时候,在平时和战时从国外进口原料或直接进口军事装备。要知道,美国的资本家不但为我们的敌人提供过数十亿资金,而且还直接提供军事装备。

除了以金属为原料的装备工业外,化学工业也极为重要,如火药、爆破材料、燃料以及医药的生产和制造。在毒气被运用到战争后,化学工业对战争的意义随之提高。

大家都希望将毒气战列为禁止项目,但是多数是口头说说罢了,并非真心实意,所以毒气战屡屡出现在战场上。在世界大战中,德国化学工业所需的原料几乎都依赖于外国,但是它们却满足了德军作战的需要,并且贡献颇多。

此外,它们还提供了肥料和载重汽车用的人造橡胶,虽然数量不多,但却很有用。值得一提的是,它们还生产了汽车用的汽油,大大缓解了燃料困难这个难题。

在世界大战中,我极为关心陆、海军的燃料问题,当时燃料告急的消息如雪片般飞来。德军占领瓦拉几亚地区的目的,不仅是为了弄到粮食,还为解决燃料短缺的问题。虽然罗马尼亚的石油设施遭到严重破坏,但是德军在占领罗马尼亚后依旧取得了一部分燃料,以供部分轻型车辆和飞机之用。

但是,燃料问题还是没有得到彻底解决,需求量日益增多,所以,我不得不在1918年进军高加索。战争结束后,由于陆军不断进行摩托化建设,海军则几乎都使用石油作燃料,加上空军的大规模扩编,造成了燃油和润滑油的需求急骤增长,迫使美、英、俄以及跟随其后的犹太和罗马世界资本家将控制和开发地球上的产油区作为全球政策的重要组成部分。

对所有国家来说，燃料的准备绝对是一项必要的工作。如果一个国家的原油和石油加工品的产量不多，那么就更加有必要进行这种准备。同时，它还必须考虑战争中的进口问题。在这个问题上，国家现金和外汇的多少也起着决定性作用。

在这里，我不可能涉及每一种在世界大战中具有重要意义的原料，尽管在这方面的某些重要战争经验，我都在战争回忆录中谈到。在这里，我只想再谈谈木材和水泥。二者在阵地构筑方面具有极为重要的意义。坑木对于采矿作业是不可或缺的。在东线司令部时，我就从占领区的俄国、立陶宛、白俄罗斯部分地区和波兰东部弄来大批木材和水泥。

在占领区内，首先要养活当地居民。而西线的居民因为不能自给，结果给美国提供机会，美国向西线居民提供给养，而经手人却因此大获其利。但是，从另一方面看，占领区还能够为军事装备的各个领域提供大批量、各种各样的原料。在总体战中，军队可向每个占领区提出这样的要求。

对农业、工业及其他许多经济部门而言，它们的重要任务是满足人民和军队的需求，稳定后方的经济秩序，使成千上万的工人获得精神满足，让他们有机会挣钱，养家糊口，要不然，他们就要依赖国家，国家除了养活他们还得不到任何报偿。

农业、工业和劳动力是战争的支柱。但是，从另一方面看，它们却牵制了成千上万的工人，而这些工人大部分是有作战能力的，结果造成军队失去了一大兵源。

此外，国内交通和对前线的运输作业也占用了一大部分工人。因为战争需要国内交通和对前线的运输保持畅通，大部队依靠铁路实施机动的计划要能随时付诸实施,这些都离不开工人。

如果将这些因素考虑进去,那么适于服役而未能服役的德国人的数量则多得多。

我对这些问题高度重视,我认为总体战的领导者也要给予足够的重视。举个简单例子,为了维持必要数量的煤,我曾被迫将成千工人从前线抽调回国,零星回调技术工人就更不用说了。

但是,这种行为对战争来说是很危险的。它造成一部分劳动力被要求所谓"立即"工作的惰感,结果消极怠工,降低了工作效率,而工厂则会据此要求增加劳动力。

对此,相关部门别无办法,只好将这些"不满分子"的头目押送到前线,结果造成前线军队士气低落。在这里,我们看到,德国民族缺少精神团结,民族精神团结和军队士气二者之间没有产生正面的作用,当然,我们也看到政府当局对此已回天乏术。

在前线的将士们听说,他们的同事在后方和平环境中获得了优厚的工资,可以养家糊口,但一想到自己冒着生命危险与敌人作战,国家虽然也给自己的家人一定的补助,但是微薄的军饷却难以养家糊口时,军队的士气会一落千丈。

为了消除这种现象,我曾竭力要求实行普遍义务劳役制,但很遗憾,我的目的没有达到。我的努力甚至被政府当局严重歪曲,给国家造成巨大损失,让人民不满情绪加剧。

于是,便出现了这样的结果:工人不把自己当成士兵的伙伴,不和士兵一样为维护民族生存事业而流血牺牲,他们不再努力工作,而是利用民族和军队的困难,追逐私利,谋求政治意图。很明显,德国民族是缺少团结精神的。工人之所以跟大部分国民一样,不过是想趁机大发国难财。经济不是死东西,它可以产生力量,也可消耗力量。这两种后果在世界大战中都曾出现过。

在世界大战中,政府曾设立有力的中央机构来管理生活必需品、饲料和原料的筹集工作。和以往类似的行动和组织一样,这些中央机构所做的却超过了这一工作目标,排除一切独立自主的行动。虽然这种统制经济有它的依据,但是却没有更多的道路。

领导是需要的,但是中央机构一定要抛弃官僚主义和形式主义。我们要知道,集中管理制度是由犹太人瓦尔特·拉特瑙首创的,他创立该制度的目的是全部接管早于世界大战前就已经被犹太、罗马世界资本控制的德国经济。在很大程度上,他的这一目的在世界大战中期和战后已经实现。

这种集中管理制度剥夺了国民的工作热情和责任感,阻碍了经济的发展,而设立采购联营社也没能阻止民族的分裂。采购联营社的运营产生了负面作用,致使民众的不满情绪急剧增长,囤积和走私更加猖獗,为了采购生活必需品,人们要在商店门前排长达数个小时的队,这给"不满分子"的活动提供可乘之机。

经济方针会对民族精神团结产生深刻的影响,所以,从事经济工作一定要谨言慎行,秉公廉正,一定要反复对民众解释经济工作的必要性。如果忽视这些,那么国家就要遭殃,如果投机倒把、行贿受贿动摇了人民对这种统制经济政策的信赖,国家也会遭殃。不过,统制经济对一切自主劳动者而言,都是一种有害政策,一定要给予否定。

上面,我以回顾的方式把一国经济对总体战的意义做了一个大致的论述,并强调,为了更好地将所有力量用来服务作战,平时和战时的总体政治应解决哪些重要任务。

虽然我用两个章节《民族精神团结是总体战的基础》和《经

济与总体战》来论述两个不同领域与总体战的关系,但是,二者之间是相互影响的,它们是总体战不可或缺的组成部分。

克劳塞维茨的《战争论》很少提及民族团结的必要性和经济对战争的意义,就算是伟大的军事理论家冯·施利芬将军也没有给予这些问题足够的重视。世界大战,尤其是战争持续的时间之长,才让人们庆幸地认识到民族团结和经济对战争的意义。

今天,各国政府和军事当局对这个毋庸置疑且只能接受的事实究竟理解到何种程度,我们暂且不说,但我们可以说,大多数国家对其民族团结问题往往是手足无措的。

对它们来说,人类和民族的精神世界是陌生的领域。对人民和军队的供给问题,它们则企图通过运用机械的组织上的措施来解决,但是残酷的现实却有力地阻碍着这些措施的落实。

第四章

军队的兵力及其内涵

正如我在前文所说的，总体战的政治和军事当局都致力于在战争中速战速决，避免出现民族精神团结出现分裂的情况，避免出现长期战争带来的经济困难和不好结局给人民和军队造成难以忍受的情况。

鉴于此，国家一定要在战争爆发之前，将全民力量整合起来，组建一支训练有素、装备精良、编制合理的军队，并将它交给军事当局使用，而不是等到战争开始后，政治当局才开展各项活动进行补救工作。

在最初决战乃至任何一次决战中，交战国不会认为自己的军队拥有超强的战斗力，也不会认为自己的兵力足够使用。按照传统的作战经验看，胜利只会眷顾兵力强大的一方。

不过，在作战指挥中，人们对该经验却有不同的理解，从而造成统帅的意志无法贯彻下去，同时，敌人也会绞尽脑汁，想方设法阻挠他的意志，希冀他犯大错。

兵力弱小的一方也有取胜的时候，但是世界大战告诉我们，在战争中占有数量优势的敌人最终摘取了胜利的果实。

在战争中，数量往往发挥着决定性的作用。忘记这一点势必要犯错误，弱势一方在处于劣势时一定要擅长化弊为利。我们对军队数量的作用一定要有深刻而坚定的认识，而不能掉以轻心。

在世界大战爆发前，法国的所作所为说明它在当时就已经认识到全国的支持对总体战的实施具有重要的作用。德国民族对自己所犯下的罪孽是何等深重！虽然我一再呼吁和努力，但是普遍义务兵役制最终还是没有在全国推行，响应政府号召的男性只占适合服兵役男性的54%，以至于在战争爆发时，德国尚有550万适合服兵役的人没有接受过系统的正规训练，而竟然有60万已经受过军事训练的人没有被征召入伍。

现在，这个事实已经慢慢地为人们所认识。但是，因为忽视这个问题而造成的巨大损失是我们在战争进程中所不能弥补的。作为应急措施，1914年9月，德国新组建4个军，1914年年末至1915年年初德国又组建4个军。部队编制不断发生变化，所以，军事当局只能将部队打散，零零散散地投入战斗。

倘若战争爆发时，德国能再拥有8个军的兵力，那么战争便稳操胜券了。英国情况与德国类似。英国在世界大战前也没有实行普遍义务兵役制，只是在世界大战期间迫不得已才实行普遍义务兵役制。

倘若德军最高统帅部能在8、9两月在西线取得决定性胜利，那么就算英国推行普遍义务兵役制，它也没有办法扭转局势。在总体战中，全民自卫力量一定要在平时准备好，一旦战争爆发便可以立即投入战斗。这是维护民族生存斗争中不可或缺的要求，它源于总体战的本质。

按总体战的要求，年满20岁、有作战能力的男子都应响应国家号召，参加军队，接受军事训练，编入战斗部队或后备队，随时听从军事当局的调遣,直到最高年限[1]。

不管是平时还是战时,经常有一大批因为工作需要而无需服兵役的人,这些人的数量非常可观。我在前面已经提过这种人,人们和军队想要生活,想要获得补给,就得依靠他们,更何况国家行政机构的工作天天都需要大批的人来负责。

世界大战爆发前,有一些军事国家实行二年或三年兵役期制。在这个时间段内是能够将士兵训练成具备作战能力的战士的,甚至他们退入预备役和卫国军后,依旧可以通过定期的训练开赴前线作战,就算他们年龄较高,也完全能够做到。

如果兵役期限短于二至三年,那么是否能达到这种要求就不得而知了。

今天,部队所使用的武器和技术器材,其性能都得到了很大的改进,更加精良,由此,士兵训练的难度也随之增加,年纪较大的士兵便难以掌握武器的性能。认识这点非常重要,因为战时的军队不但由平时的常备军编制而成,而且包括预备役部队和卫国军。

良好的军事训练(包括体魄和意志的锻炼),加上精良的装备,能够大幅度提高军队的战斗力,此外,它还能给军队带来安全感和优越感。当然,这一切都要以维护民族生存的战斗意志为前提。

跟以往相比,虽然所有国家都对军事训练和精良装备更加重视,但是总体战领导仍然可以进行优于敌人的训练,以便让自己

---

[1] 各国对服役年龄的要求不一。譬如,德国的服役年限就高于法国,然而德国只能征召54%适合服役的人入伍,而法国则达82%。一个国家的军队不包括异族人。譬如,犹太血统的人不应属于北方民族的军队;白种人的军队不包括有色人种的部队,因为在这里他们并不是为其民族的生存而斗争。

占有优势。

1914年战争爆发时，德军的训练和装备，特别是重型火炮，质量优良，虽然在某些方面还可以有所改进，但是最主要的问题是弹药紧缺。

不过，在最初几次会战中，弹药短缺的劣势还没有显露出来。当时，德军最高统帅部不顾一切，无视当时所处的严重劣势，依旧想用西线德军的精锐部队一举将法军击溃，摧毁法国军队和法国人民的抵抗意志。

为此，德国军事当局有计划地动员了部分预备役部队，抽调他们上前线，参加最初几场决战。这个措施是无可非议的，但是由于会战时间被延迟，战争被迫延长，而预备役部队此时已经投入决战，人们便觉得预备役部队不敷使用了，于是，德军最高统帅部遭到人们的指责。

依靠预备役部队获得战争的胜利，这种情况是不可能实现的。西线失利的原因是德军最高统帅部的作战计划受挫，这是无可辩驳的事实，需要为它负责的是指挥官而不是部队。对这个问题，我不想在这里详细探讨。

作战素质优于敌人的德国陆军最终没有在西线获得胜利。而战争依旧在进行，它迫使各国不断地努力，以弥补和平时期所耽误的时间。各国军队对提高部队战斗力的训练非常重视，而相比之下，德军的训练优势逐渐消失。

在这样的情况下，德国已经没有办法在短时间内训练出能征善战、比敌人更加优秀的士兵了。军队数量变成了人们关注的大问题，而此时部队的弹药问题和其他装备已经到了捉襟见肘的地步。在这个问题上，占有全世界大部分军备工业的敌人，其处境显然比我们好得多，他们拥有数量优势和军事装备的优势，他们可以利用它们来和我们作战。这首先表现在阵地战中。敌军获得休整的时间远远多于德军，不仅如此，处于一线的德军还始终处于敌军最强大的火力之下。同时，没有数量优势的德军要比敌人付出更多的努力。

从古至今，军队除需发挥力量的人外，还需要技术。刀、盾、箭、弓、战车、投石器、石筑胸墙等，这些都是"技术辅助器材"。

技术始终如一，但是器材（进攻器材和防御器材）却不断完善，出现了运送部队和军事装备不可或缺的铁路、运输车、军舰和飞机，以及其他器材。没有这些"技术"辅助器材，军队及其运用将是难以想象的。

在世界大战中，军队依旧是由士兵和各种技术辅助器材组成。作战器材多种多样，既有消耗大量弹药、射程达数公里的大口径火炮，也有近距离投掷的手榴弹。在机动方面，既有铁路运输，又有汽车运输。海洋上，装甲战舰在游弋，在大洋深处，潜艇在航行。在空中，飞机在战斗。

不过，世界大战爆发前，军事技术远不像世界大战中和现在这般完善。事实上，军事技术的作用是在世界大战中慢慢为人们所认识的，随着战争的延长，它的重要性更加显著。

在战场上，想要用强大的火力歼灭敌人，同时又能保护自己，就需要部队不断增加性能更加优越的装备。于是，重机枪出现了，不同口径的迫击炮出现了，速射枪出现了，各种大口径火炮的数量增加了，这时候还出现了装备机枪和轻型火炮的装甲车，而运用汽车和摩托车进行部队机动则成了司空见惯的事情。

根据不同任务制造不同类型的飞机，由此用飞机投掷的炸弹、爆破弹和燃烧弹的设计也逐步完善。在这过程中，人的地位好像不断下降。从我任职最高统帅部以来，我便在战线最前沿最大限度地使用机器代替人来工作，即增加机枪等武器的数量，加强火力，并将手握步枪的步兵从最前沿调回。

为了歼灭敌人，保存我军的实力，我三番五次地要求后方提供更多的弹药。在这方面，敌人的优势极为明显。为了应对世界大战的技术装备会战，我们只能迎头赶上，弥补过去的损失[1]。然而，战争最终还是要依靠掌握技术辅助器材的人。

确切地说，人和技术这两个因素已经成为军队实力的两大要素。不过，人依旧是第一位的。尽管人是通过没有生命的器材被运送到前线的，但是器材都是由人来操纵的，而且是通过人赋予它力量来消灭敌人的。

从古至今，向来都是"技术对抗技术"。在世界大战中，常常出现了进攻器材后，便会出现与之对抗的一种防御器材。

军舰装备了装甲，人们便研究出能够击穿这种装甲的火炮。军队航速的提高给命中率带来不小的困难，为此，人们又设计出了自动测量仪和瞄准具。其他领域也是如此，坦克出现了，随之出现的是轻型火炮或大口径机枪；飞机出现了，随之出现的是高射炮，及精确的瞄准设备和作用距离很远的探照灯。

我们可以这样说，技术辅助器材间的相互斗争，使攻防手段慢慢处于平衡的状态，或者迫使人们另辟蹊径，更加巧妙地

---

[1] 当我到最高统帅部赴职时，德国军队的装备状况极差。迫击炮、机枪和弹药大量短缺。解决途径只有大量生产，后来也确有增加。但此前已损耗大量人力，这一巨大损失是无法挽回的。

与敌人对抗,比如设置各种障碍物和器材,阻滞摩托化纵队的行进等。

但是,这并不意味着新的技术器材的出现不会暂时对战争的结局产生巨大作用。不过,尽管如此,在一场欧洲战争中,士兵的地位始终都是第一位的。在殖民战争中,会出现不一样的境况,装备精良的部队和手无寸铁的部族作战。

总体政治的任务就是征召有作战能力的人,并将他们送往前线作战。同时,它还要确保军事装备处于最佳状态,在平时,部队就要经常使用各种能消灭敌人并保存自己和人民的技术器材。但是,在战时,器材的制造和维修都需要耗费较多的时间,这是技术器材的弱点。

为了弥补这一弱点,在平时就应当在装备的制造和维修方面采取多种措施。不过,这又会给部队训练带来困难。

对于完全依赖技术器材作战的士兵来说,他们是难以在战争中离开军事装备的[1]。

投入到现代战争的作战物资、性能优良、速射的轻武器、机枪、迫击炮和各型火炮所使用的弹药数量之巨大,是让人望而生畏的。这就造成了在敌人枪炮射程之内和前沿的部队,只能以史无前例的疏散队形作战,进而发展成各自为政。

当我还是年轻军官时,我们在军队里所进行的训练仍然是以建制营实施最后决战的训练,但是这在世界大战期间却丝毫不能

---

[1] 一支数百万人大军所需要的装备数量是常人难以想象的。1914年,由于装备不足,德国陆军行政管理机构不得不使用1870年后生产的装备,以解燃眉之急。今天如果有人认为,世界大战后敌人剥夺了我们的武器是一件好事,以为我们现在的武器全部是新制的,那是欺人之谈。

用了。如今，士兵在陆战中几乎都是各自为政，他们冒着生命危险和敌人的猛烈炮火奋勇前行去夺取胜利。

在这种令人胆战心惊的时刻里，士兵们一定要放弃自我保全的想法，而且要以手榴弹和刺刀跟敌人作战。这是总体战对每个士兵提出的巨大要求。为了更好地说明这一点，我引用《我的战争回忆录》的一些片段，这是有关德国士兵在堑壕战中，为了民族的生存而艰苦作战的描述。

值得一提的是，这段内容适合任何其他作战行动，因为战场所使用的武器弹药基本上与此差不多。这段内容是：

（1917年）10月22日，第五次攻击行动在佛兰德展开了。各种弹药以超于以往的数量倾泻到试图躲藏于弹坑中保命的将士身上。轰炸过后的惨状几乎和凡尔登战役一样，甚至有过之而无不及。

这绝对不是生活，而是难以言状的灾祸。呈密集队形进攻的将士们在一片泥泞中匍匐前进，速度虽慢，却从不停顿。在我军的密集火力下，敌军几乎是成群成群地倒下，而那些隐藏于弹坑里的士兵却能存活下来。紧接着，进攻者一拥而上，步枪、机枪为泥泞所掩埋，人与人扭打成一团……

在总体战中，这种战斗的本质要求在很大程度上增强了士兵在独立行动中的精神力量。

在我到最高统帅部任职后，我便将一种新式的疏开队形运用于部队中，并调来大量的武器装备。结果，该措施在1917年就收到非常不错的效果。1918年在丧失了精神支柱后，部队便陷入被动挨打的地步。

刚开始，我们的士兵对敌人的坦克并不感到恐惧，采用一切力量将它摧毁。但是，随着革命的影响和负担过重，士兵们的作战意志受到影响，形势就逐步恶化，敌人的坦克便成了巨大威胁，我军获得像之前一样的战果已经毫无可能了。

我所举的例子都是步兵战斗的例子，因为它最能说明问题，其他兵种也是一样。独立行动和个人的精神力量在他们的战斗中的体现表明，在他们冒着生命危险浴血奋战时，或者是在执行某个特殊任务时，或者暴露在敌军火力下时，这都是不可缺少的。

比如，在独立战斗和个人精神的支撑下，战士们可以坚定的精神操纵复杂的军用机械；可以在敌人毁灭性的火力下，从容自如地排除机枪的装填故障；可以在双方舰队发生遭遇战而我军军舰被敌人击穿起火或者敌人施放毒气时，我方射手依旧坚守岗位，镇定御敌。

总体战和那些没有生命的技术辅助器材，向士兵提出前所未闻的要求。对于这点，我们怎么强调都不为过。它不但受制于训练的深化，而且特别需要通过增强精神力量来强化军纪。这一点，我在担任团长时就有所感悟：

我认为，在依靠军纪加强的军队中，士兵的独立作战能力和责任感是军队要强化训练的重要内容。军纪不应用来扼杀个性，而应促进个性的发展。军纪应当引导全军将士抛弃自私的想法，做到团结一致，奔向同一个目标：胜利。

以上述这般严格的训练要求对士兵进行训练是军纪的任务之一，这种严格训练会让将士在遭遇生命威胁的关键时刻，即在其保全自我的斗争中更加"机械",这种无情的要求是战争对将士的作战能力提出来的。只有这样,将士才可能置生死于不顾,抛头颅洒热血,奋勇杀敌。处于群体之中的士兵,是跟随集体一起行动的,这种集体行动会给他一种集体的庇护感和精神支持。

作为集体的一员,他在集体所处的心理状态下行动。但是,在没有任何战友帮助的情况下,在他要独自做出判断,独自下定决心时,在空旷的战场上单独完成任务时,情况却大不相同了。

他没有任何依靠,想要继续作战,他就必须具备克服偷生的精神力量。

在这个时候,军纪帮了大忙。军纪不仅在"严肃紧张"和纯熟的作战技能中有所体现,它还表现在胆小鬼和"不满分子"身上。为了欺骗众人,他们经常这样做。

军纪更加重要的目的是增强精神力量,让将士们在紧张战斗中能够承担巨大负担,培养他们坚韧不拔、坚强无畏的品格(这些都是随总体战的出现而提出的要求)。

它扎根于种族和民族意识以及对民族和祖国的爱,扎根于二者的紧密结合之中,并建立在民族精神的表现和为民族的永存而奉献个人短暂生命的认识之上。

德国种族遗产的精神特性要求自觉性(行动的自主性),德国的宗教意识赋予每个人重大的义务:维护民族的生存。

尊重种族遗产和与其相适应的宗教生活和宗教意识,是战争对军人提出的要求,它也是军纪的基础。实际上,是军纪而非誓言将军队凝聚为一个整体。

1918年11月9日和10日在德国国防军中发生的事件[1]，也许可以消除人民群众对宣誓所能产生巨大作用的信赖，打消人们在是否给国防军一种新的支柱问题上的怀疑。事实上，德国的宗教意识的决定性作用遍布各个领域。我们这里说的总体战所提出的民族团结和军纪都是以德国宗教意识为基础的。我在战争中曾这样写道："精神创造胜利。"

现在，各国军事训练和军事装备发生了翻天覆地的变化，因此我应将上面这句话改为："坚强的精神创造胜利，健壮的体魄也是必不可少的。而德国的宗教意识可以造就坚强的精神，铸造健壮的体魄。"

军事教育一定要有种族特色，要能够唤醒民族精神，能继续家庭教育和学校教育。

如果家庭和学校完成了它们所应担当的义务，那么士兵的民族教育就会完全自发地进行。这样一来，他们就能理解种族遗产及其精神特性，就会理解民族精神的不朽，就会明白自己对个人、对民族所担负的责任。

但是，多数国家依旧没有实行这种教育。许多国家的军事教育仅仅停留在对本国男青年进行一定的集体军事训练。这种训练适用于被基督教教义肢解的民族，它会让青年体会到民族集体生

---

[1] 指11月革命。由于德国军事上的失利，经济崩溃和生活必需品的严重短缺，人民对现政权极端不满。1918年10月29日和11月3日，威廉港和基尔的水兵相继哗变，违抗德国军事当局在战争无望的情况下下达的出海作战命令。11月7日，慕尼黑也爆发革命并蔓延到柏林，11月9日，首相马克斯亲王被迫辞职，11月10日，威廉二世皇帝退位，逃往荷兰，11月9日，"德意志共和国"成立，德国君主政体宣告结束。

活的情感，会让他们认识到自己对民族、对国家所担负的义务。

如果我国的青年人体魄健壮，精神饱满，那么他们的才能就能得到自由发展，他们就会在民族和国家中深深地扎根，并按照德国宗教意识的要求，既了解德国的敌人，又深谙本民族的缺陷，那么他在参军后完成任务的能力，基本上会比那些只受过集体训练并被剥夺个性的年轻人更强。

企图通过剥夺年轻人的个性来进行军事训练，是不可取的。不管在何种情况下，对年轻人进行机械的训练，都将一事无成。我认为，唯独精神力量才能让他们在将来崭露头角，取得难以置信的战绩。

每当我想起在军队中，军官是如何无视民族情感对年轻士兵的影响而未采取相应的教育措施，在退伍士兵参加预备役和后备军后是如何面对民族敌人的破坏而茫然无措，在军官是采取何种卑劣手段对士兵进行爱国教育时，我非常惊讶，在前所未有的贫穷、紧张、望不到尽头的战斗中，在生命和健康遭遇巨大威胁的情况下，他们竟然能够长时间地不受"不满分子"的影响。

很明显，这是民族精神在士兵身上强烈的体现！我坚信，一旦用深沉的民族情感唤醒德国士兵乃至全体德国人，那么让他们以血肉之躯来维护民族的生存，并不是一件难事。

在国家对青年进行军纪教育时，一定要用本民族宗教生活中的民族精神来鼓励人民，特别是士兵和退役士兵。

军队没有等级和服从，等同于无军纪。这是常理，不需要强调。

军纪在总体战中会遭到最严峻的考验。军纪应按总体战的要求，在军队中精心维护，尤其是后备军。让人大惑不解的是，在战场上，军官竟然没有意识到维护军纪的重要性，更没有采取相应的措施。

在分裂分子的活动下,停泊于国内海港却无事可做的舰队以及后备队竟然戒备松懈。究其原因,既有外部的原因,也有军纪松弛的原因,而用人不慎,即后备教官的选择不慎是一个重要原因。

总体战要求我们,不管是战斗部队,还是远离敌人的后备部队都需要强化军纪,阻止分裂分子的行动。战时军纪的重要性远远超过平时。在维护民族的生存斗争中,根据特殊法律法规迅速、严厉、无情地对那些违反军纪的人进行制裁是极为必要的[1]。

军纪把整支军队凝聚为一体。只有这样,军队的效力才能够得到发挥,同时,才能够保证军队有统一意志的行动。军队把单个个体组合成一个整体。我在上面所提到的独立自主的行动是在极为紧张的条件下进行的,虽然这是一种非常特殊的情况,但是它却赋予今天的军纪以现代特性。

当然,不仅是无名小卒要遵守军纪,就是他们的上级,乃至于统帅麾下的、能征善战的将军们也要遵守军纪。虽然他们更要具备独立行动和迅速决断的能力,但是他们也必须在军纪和隶属关系中行动。

至于隶属关系中的军纪与独立行动中的军纪之间的协调问题,则要由他们独自处理。关于这一点,我会在下文论及。

和平时期,军队的情况是:成员不断更新,一批人退役了,再征召一批新的,而士官和军官依旧在部队服役,如此循环往

---

[1] 乍看起来,这似乎是一个不言而喻的要求,实则不然。世界大战中,军纪松弛,逃兵日增,而1918年的德国军事法庭却对此不闻不问。军事法庭对逃兵施以监禁,不处以死刑。而一年前,法国军事法庭就已宣布,为履行拯救民族的义务,对逃兵判处死刑。

复。对士官和军官来说,军事是他们的职业,他们维系着军队新旧人员的衔接。

在和平时期,他们在军队中担任教官,在战争中,他们则担任指挥官。虽然休假带来的离队和归队问题一直影响着各国军队的士官和军官,但是这些问题根本没有对士官和军官的上述职责产生任何影响。

在常备军中,军官和士官这一职务非常重要,所以,培养军官和士官就变成相关部门的重要任务。

军官和士官要具备出众的武德,过着模范的生活,成为性格突出的表率。在战场上,当第一枪打响后,士兵的目光便集中在他们身上。

下级对他们的信任程度,是检验他们能否正确把握士兵心理而提供正确的指导,能否把下级疾苦放在个人利益之前,能否进行正常训练和秉公执行军纪的试金石。而信任是这些因素的重要基础。

此外,一定要在各个方面诚实可靠,这是士官作为人和军人的基本要求,也是士官所应具备的突出特征,它能够赢得下级的尊重。

跟士官相比,军官的任务在某种程度上比较简单,因为他们远离士兵。不过,从另一方面看,军官所担负的责任比士官大,这取决于他们所处的地位。他们的主要任务是,实行大范围的监督,贯彻部队训练教育的基本原则,加强部队的内部团结。

这些职权会随着部队级别的提高而增大。在人民军队德文为"Volksheer"[1]和总体战的时代,军官只有理解民族团结的基础

---

[1] 是指以普遍义务兵役制为基础,区别于职业军队的军队。最早出现于1793年法国资产阶级大革命后期,法文为"levee en masse",即全民征召。

和意义及军纪的基础和意义，深深扎根于民族之中，并掌握士兵和民族心理的本质，他们才能够胜任其所担任的职务。

这些是旧军官所缺乏的东西，他们对民族生活一无所知。不过，他们心中没有民族思想，只有国家和君主的情况是由时代决定的。但是，军官在世界大战中依旧表现出对民族思想缺乏足够的认识。

对于军官来说，由穿着军服而产生的特殊的等级荣誉是不存在的。荣誉只有一种，那就是作为民族一分子的荣誉（男人、女人都是如此），就是成为维护民族生存斗争中同胞的表率、教育者和领导者的荣誉。他们履行义务是出于本心，是自愿的，而不是为了功名利禄才去完成任务，只有这样，他们才能无愧于军官这个职位。只有这样，他们才能够对士兵下达所谓的强迫的命令，并且理解他们的心理，成为真正的领导者。要不然，部队将难以完成总体战所交给它的任务。在和平时期，部队追逐功名利禄，直接对军官和军队的道德基础造成严重的损害。

我们在这里讲的与士官和军官有关的一切，也适用于军队特殊兵种的士官和军官，比如管理炮兵器材的部队，管理其他技术器材的部队，舰队中管理舰上机械、保障其运行的士官和军官；担负保障全体军人健康和伤病员康复的医务士官和军官；负责财政管理机构和指挥机构中行政管理工作的官员。

在战斗中，虽然他们没有直接领导军人的权力，但由于他们的职责关系着军民的补给和生活福利，责任重大，直接影响部队战斗力的消长和军纪的执行。比如，一个医务军官漫不经心，在医治伤员时，在处理痊愈者重返前线中，或在新兵体格检查时随随便便，不认真负责，这会带来什么样的损失呢？军队不是死的机器，而是一个保持生命力和健康的有机组织，一旦组织受损，就会出现衰老等症状，就会破坏民族精神的团结。

军队数量、训练和装备是一支军队的外表，只有精神的和道德的内涵才能给军队以力量，让它在旷日持久的总体战中坚持不懈。

第五章

军队的编成及其使用

军队的任务就是在战斗中打败敌人，获得胜利。为了达到这个目的，军队要进行任务分配，以便它能够在海陆空三个战场与敌人作战。

军队由陆军、海军和空军组成。对不同的国家来说，这三个军种的价值各不一样。比如，英国将海军和空军作为主要军种，而陆军次之；德国的陆军和空军比海军重要。在其他国家，每个军种因为各自的地理环境、海岸状况、世界贸易和战略可能性的不同而有所区别。

空军、陆军、海军的比例究竟多少最好，虽然没有定论，但是随着飞机性能的逐渐完善，空军能够直接对付敌国经济和人民，影响战争的结局。[1] 不过，飞机在侦察方面的作用依旧没有得到足够的重视。

出于作战的需要，军队除了要有强大的陆军之外，还一定要

---

[1] 对一国无设防城市的居民进行轰炸，是不符合国际法所规定的战争法规和战争惯例的。按国际法规定，只许对要塞的居民实施轰炸，但在生死存亡的斗争中，任何国家都不会放弃使用敌国所使用的作战手段。此外，以各种作战手段干扰敌国军事经济，是国际法所容许的行动。在这种干扰行动中，敌国居民受到伤害在所难免。在轰炸居民住地或营房中的敌军时，敌国居民也不免遭受损失。

有一支强大的空军和一支强大的海军。空军一定要比敌军的空军更加强大。不过,这种强大要深受国家技术和财政的限制。而空军的使用取决于天气、云、雾等条件。在这方面,陆军除了浓雾之外,在其他天气里都能开进和作战[1]。

内陆国家所进行的决战一定是在陆上进行。在各国部队进行生死决战时,空军除了执行侦察任务外,还会直接参加作战,和陆军并肩作战,夺取胜利,但是,它的火力远远不如陆军。

为了打败敌人,一定要有强大的火力。没有一位统帅会认为,只凭借轰炸敌国居民(无论其意义如何重大)就能摘取胜利的果实。更何况,敌国的防御能力的提高和气候现象的限制,飞机能否抵达作战目标,能否投弹,则还是一大疑问。

作战是严肃的现实,不是空洞的理论。它要求必须先打败敌人的陆军,然后再和空军一起协同作战,深入敌国领土,迂回到敌人陆军背后作战。所以,对内陆国家而言,军事力量主要集中在陆军。对于这个问题,我只打算在这里简单地提一下。

陆军的战略单位是步兵师,一般由3~4个小兵团、9个或更多的营编成,每营下辖3个步兵连。每营既装备弹仓式步枪,又配置轻机枪和一个重机枪连。预计每个师除了编三四个步兵团和一个迫击炮连外,可能会增加若干机枪队。

步兵所需的大量弹药和手榴弹,由步兵自己携带一部分,其他弹药则通过车辆运输[2]。

---

[1] 海军舰队无法在雾中以及强大风暴中航行和作战。

[2] 我在这里和下面所谈到的陆军及其下属部队的编制,只为说明本书之用。还有许多新编制尚在探索之中,比如炮兵的摩托化,步兵分队还要装备步兵伴随火炮和反坦克炮等。

就炮兵而言，步兵师编有9个或更多的炮兵连。每连装备轻型加农炮和野战榴弹炮4门[1]，有的连还配置伴随步兵进攻的小口径火炮和重型火炮，预计会装备100毫米加农炮，120或150毫米重型野战榴弹炮，以及高炮和反坦克炮。上述各种火炮的大量弹药，一般通过车辆运载。

此外，步兵师还配置少量骑兵，装备轻机枪和装甲战斗车辆[2]。有的师还配置一个野战航空支队，一个装备有电报、电话和无线电设备的通信营，一至二个工兵连及其他特种编队，还会配置辎重队，负责给养、弹药、燃料和润滑油的补给。此外，还有面包队、卫生队、野战医院等。

我们所说的这种师通常由常备军部队编成，或者由常备军和少量预备役部队混编而成。由于这种预备役师所承担的战斗任务与常备师相同，所以，一定也要有相应的编制和装备，而不是像世界大战爆发前的德国陆军那样轻视预备役师。

某些国家的军队是以军为战略单位的。这种军除了下辖若干个师之外，还配置直属的作战纵队和辎重队，比如特种通信队和航空支队往往都隶属于军司令部。

为了完成执行保障任务和较小的战斗任务，军队往往会组建由年纪较大的人组成的卫国旅和后备队。他们可以凭借现有装备在他们想去的地方完成上级分配的战斗任务。

这些部队的成员，也需要自己携带数日的食品，其他食品和

---

〔1〕加农炮的弹道平直，榴弹炮的弹道弯曲。前者多从正面命中目标，后者多从上方命中目标。

〔2〕装甲车辆的设计五花八门，即使在一个国家中，其设计也不尽相同。

饲料则通过车辆运载。它们也配备了能够对伤员进行初步处理的医疗器械。下面我所提到的部队，它们的编制基本上和这里所阐述的类似，只不过形式有所不同，我就不再赘述。

除步兵外，作战部队还有骑兵师。骑兵师通常下辖若干骑兵团，而骑兵团下辖若干骑兵营。在多数国家中，骑兵师配置大量机枪和弹药，大都实现摩托化。实现摩托化的骑兵师，还配置轻型战斗车辆和大批车辆，以便于运载人员、机枪和弹药。某些国家还配置重型战车队，装备不同造型和不同装甲的坦克，这种装甲部队通过借助装甲车的履带，能够克服各种地形障碍，通过敌方筑垒阵地。

对于摩托化在其他特种部队中能实现到何种程度，比如它是否可以通过摩托车或载重汽车运载更多的步兵部队则依旧是一个问题。不过，事实上，实现摩托化的最大问题是一定要运载高级指挥官和其他官长的马匹。

此外，陆军设立重型和最重型牵引炮兵和摩托化炮兵，不但有师属加农炮连和榴弹炮连，而且有独立的野战炮兵部队，甚至有人还试图在铁轨上使用最重型的火炮。此外，陆军还配置探照灯队、喷火器队、工兵队、攻城队、通信队和毒气战部队等。

我们上面所说的这些部队能够组成集团军，而若干集团军能够组成集团军群。一般情况下，集团军和集团军群司令部会配置特种侦察队、通信部队，以及防空火炮。

为了使战局、会战和长途行军的进行得到保障，集团军司令部配置强大的兵站部队和铁路部队，以便进行运输、物资和人员的补充及伤病员的护理，保持前线和后方的联系。如果战场在国外，那么还要从国内抽调特种部队，确保敌国铁路的正常运转。

空军则配备重型和最重型飞机，用来投掷炸弹和执行特殊任务，比如将武装人员运送到敌人后方。轻型飞机则多用于作战和观察。所有飞机，包括用来侦察的飞机，都根据它的大小，装备有能够在空中和对地面实施火力战斗的武器，如弹仓式步枪、轻机枪、小口径火炮等。

因为有了火箭、炸弹和化学战剂，空军的战斗力得到了极大的提高。飞机备有降落伞，能够用来拯救受损飞机的飞行员，而在飞机容易遭受袭击的部位则装有装甲。此外，飞机还能够投掷宣传材料。

空军通常由数架飞机编成支队，数个支队编成中队，数个中队又可编成更大的单位。

飞机都有指定的飞机场，飞机库和供油设施部分建在地下。飞机要有防空和摩托化的辎重，要有在部队驻地附近建造的空军基地，要有大量的燃料。

海军配备了排水量大约35000吨的战列舰、10000吨的装甲巡洋舰和约6000吨的轻型巡洋舰、辅助巡洋舰（即过去的商船）、驱逐舰、鱼雷艇、潜艇、炮艇、布雷舰、扫雷舰、航空母舰等，所有舰船都装备着能在水上长期执行任务的装备。此外，虽然医疗船、油船和其他特种补给船只能通过港口向海上舰只转运补给品，但是各种军舰依旧有指定的港口，以便补充船员、燃料及其他物资。军舰可以根据它体积的大小，装备重型和最重型大口径和小口径的速射火炮和高炮。

火炮通常装在军舰两侧，便于集中射击，部分火炮安装在船头和船尾。大部分军舰还配置特殊的鱼雷发射装置。除了巡洋舰和潜艇能够单独出海，完成巡洋作战和水下作战任务外，海军军舰通常可以编成大队、分舰队；再大的舰队，由战列舰、重型和轻型巡洋舰、驱逐舰、鱼雷艇和潜艇编成。

就像陆军配有航空部队一样，海军也配有航空部队。航空部队的飞机或由航空母舰运载，或停在陆上机场。

所有战斗部队，即陆空海战斗部队，均配备防毒面具。

军队每个组成部分，即陆、空、海军，在国内均有后备部队和其他设施，能够源源不断地从国内获取新锐力量。

除此之外，国内还有防空部队、探照灯部队和空中障碍设施，以保护某些设施和居民。最后，军队还拥有庞大的无线电台，进行情报传递和宣传。

军队是个规模庞大的组织，但是，并不是军队的每个部分都直接与敌交战，不过，要团结各组织的力量击垮敌人的反抗，决战时刻更是如此。

决战能够决定战争胜负，会战是最具有决定意义的作战行动。会战一定要投入战斗部队。如果敌人所使用的武器跟我方不同，无法从远距离发射毁灭性炮弹，那么我方部队在发挥武器火力方面就不是什么难事了。所以，我方部队不仅要歼灭敌人，还要保存自己的力量。

武器的作用在不断提高。刚开始的时候，在发明火药之后，发射的是实体弹，但随着技术的发展，后来有了榴弹[1]，再后来，火炮使用的炮弹也生产出来，它的引信可以让炮弹在弹道的

---

〔1〕即在弹体内填满火药，装上引信，当榴弹撞击地面、墙壁或船体时发生爆炸，将弹体炸成碎片，起到毁伤附近人员和物体的作用，有些榴弹还可击穿遮蔽物和装甲。

一定位置上发生爆炸。炮弹在爆炸时，能将弹体内的铅填充物炸碎，从上方投向目标。

现在，炮弹已经趋于完善。有一种榴弹能够击穿厚重的装甲，击入目标后再发生爆炸，它通过弹体碎片或榴弹排出的充填气体的作用击毁目标。还有一种榴弹只要轻轻触及地面，便会炸成无数密集的碎片，紧贴着地面向四处飞散。经改进后的炮弹（榴霰弹），可在空中爆炸。

机枪和步枪是单发子弹在发生作用。

手榴弹、迫击炮弹、布设在海中的水雷以及鱼雷的作用与榴弹的作用相差无几。飞机投掷的炸弹的弹片和施放的毒气，能够在更大范围内发挥作用，并同时引发大火。有一些炸弹专以引火为目的。

火焰喷射器通过火和烟发挥作用。毒气可使黏膜和肺部中毒。

有一部分武器所产生的作用是人们难以想象的。

公元纪年前后，人与人之间的搏斗武器是剑。为了占有优势，当时也运用弓箭或长矛、投石器，投石器能够远距离攻击要塞。到了中世纪，火药和发射武器发明之后，敌对双方保持在100米以内的距离，呈现密集的线式队形，互相射击。随着火炮、步枪及其弹药的改进，敌对双方之间的距离则更大一些。到18世纪末，步兵部队出现了，他们能够利用地形作掩护。

直到19世纪中叶，有膛线的武器才出现。由于火药和炮弹、子弹的极大改进，发射距离的不断变大，最后到达了现在的距离和效力。这种变化使战斗地带的纵深和正面宽度产生了变化（加大了），让战斗队形更为疏散。

海军大口径火炮可发射20～30公里，陆军除特种火炮外，其他武器的射程远远不如海军[1]。

显而易见的是，发挥武器、火药、炮弹技术（不包括飞机投掷的炸弹）的最大作用，不依靠其最大射程，而是要近距离内的命中精度，距目标越近，发挥的作用也就越大。

在海上和空中，由于没有遮蔽物，作战双方可以利用最大距离射击，只有云、雾和特殊天气带来一定的影响，地面曲率会对海上射击造成影响。

而在陆地上，情况则截然不同。虽然陆上的遮蔽物和建筑物能够给敌人提供方便的隐蔽条件，但是却也给敌人的视野造成影响，让敌人的兵器的射程没有办法得到最大限度的发挥。不过，通过借助望远镜、气球和飞机等观察手段，敌人又可扩展视野。

但是，不管是在陆上，还是在空中、海上，战斗总是从远距离开始的，陆地作战区域纵深可达数公里，随后慢慢地向敌人靠近，将全部武器投入战场，让武器发挥最大的效能。

在区域纵深内，战斗队形疏散，步兵和轻机枪手都独立行动，各自为政。在敌军猛烈炮火的攻击下，步兵依旧要以在公路上的行进速度（5公里/小时）接近敌人，但只有在我军压制敌军火力的情况下才能做到，只是敌人势必要进行反击，所以，陆地战斗需要时间，一般要持续数天。就算投入快速装甲车辆也不能改变战斗的时间。

---

[1]陆军师重型火炮的发射距离为10多公里，轻型火炮则低于10公里。步枪和机枪的最大发射程是2000米，迫击炮射程则不到100米，鱼雷射程10多公里，炸弹自然可以从任何高度投掷，以上情况仅就一般情况而言。需要补充的是，手榴弹仅能投掷数步之远，火焰喷射器的作用距离也不甚远。毒气在顺风时作用距离可达数公里。

空战中，飞机时速达数百公里；在海上，军舰时速约为20海里[1]，即37公里/小时。两者都想在战斗中发挥最大速度。陆上战斗与空中、海上战斗截然不同。但是，争取构成对敌火力优势，是这三个军种的共同特征。

为占有火力优势，一定要充分发挥全部武器的作用。为此，陆军作战部队通常以宽大正面投入战斗，而海军常常以绵亘的线式队形作战。

现在的陆军规模非常庞大，战线的宽度已大大超过以往，这点从世界大战中可以看得很清楚，但这并不意味着战线的宽度是无限的。比如，步兵师的步兵需要师属炮兵的支援；海军和空军一定要集中多艘军舰或多架飞机的火力进攻同一个目标，这对战线的宽度提出一定的限度。

只有集中大至火炮小至步枪的各种武器的火力，才能够在关键地段占据火力优势。这种火力的集中，尤其是陆军，只有充分利用各种武器，将它们放在最佳射程的位置上，它们才能够发挥最大的效能，才能获得火力优势。如此一来，双方都在对方最佳射程范围之内。在这种正面作战中，想要占有火力优势则非常困难。

众所周知，在火力能够从多面向敌人发射，即以包围方式进攻敌人而敌人只能向一面转移时，火力的最大效能才能够得到发挥。在这样的情况下，敌人的正面不但会遭到攻击，其侧翼，甚至是背后和空中都会遭到攻击。空战中，飞机也会遭到地面火力的打击。

在战争中，不管是小规模还是大规模决战，都要运用巧妙的战术和战略让敌人犯错误，以便我方能够充分利用它。坦嫩贝格

---

[1] 1海里=1.852千米。

会战就是这样的例子，同时它还说明，实施这种进攻也能达到保存自己的目的[1]。

此役，敌人死亡、被俘达12万人，而四处逃窜的伤员还不计在内，而我方的伤亡仅仅12000人。所谓的歼灭战具有双重意义，它既要求给敌人以毁灭性的打击，又要求我方只遭受微弱损失。

攻打敌人侧翼而不攻击其正面的思想是一种误解。敌人并非原地不动，相反，敌人会不断地运动，以正面来攻打我军，也就是说，它会将未受攻击的正面转向进攻的敌人，其结果仍是正面较量。

我对1914年11月初，东线第9集团军对由华沙向波森开进的敌军北翼发动的进攻深有体会。该集团军想取得超过坦嫩贝格会战的战果，不惜冒着风险把包围圈设得过大，却未能从正面给俄国军队猛烈的打击。结果，敌军从正面对第9集团军发动猛烈攻击，给该集团军造成巨大压力。此外，敌人还对该集团军的侧翼进行攻击，使第9集团军的处境恶化。

这个事例告诉我们，在对敌人进行包围的同时，后方一定要有一支强大的、成梯次配置的部队。在军队规模庞大的今天，包围方很容易为被包围方所包围。

这点我们在1914年的东线战场和西线战场都亲身经历过。施利芬将军曾提醒我们，一定要让包围部队的侧翼拥有足够强大的部队，但这并没有引起大家的足够重视，当然了，要做到这点，首先要有足够的部队可供使用才行。

大范围的战略包围最终落到某一地点实施战术性包围上，在该

---

[1] 关于这一观点，我在《坦嫩贝格》《受世界大战审判的"低贱的战史"》《战争中的违命》等书籍中从不同角度作过阐述。

地将敌军的一翼击溃,不断地投入其他兵力,切断敌人的退路。在敌军战线出现缺口时,情况也相差无几,进攻方可以迅速通过缺口打入敌军内部。在坦嫩贝格会战中,我就是这样做的。在这种情况下,首先,要用火力对敌人内翼进行纯战术性的包围行动,切断敌军各翼之间的联系,不断扩大缺口并通过缺口不断扩大包围圈。

陆战中,倘若其他行动无法实施,那么最后也可以采取这样的行动:投入大量炮兵和装甲车辆及空军,对敌人正面发动突袭战,击退敌人,随后将敌军击溃于某一地点。

在世界大战中,协约国在西线以及俄军在东线的强大突破进攻行动都以失败告终,德军在1918年夏季所发动的进攻也只是击退敌人,迫使敌军防线后撤,并未将敌军分割包围。

在实施1918年3月21日进攻行动时,倘若我事先收到情报,处于第18集团军右翼正面的敌军是敌人的薄弱部位,或者该集团军利用了敌人的这一薄弱部位,那么我军也许能够突破敌军。正面进攻也会给己方带来巨大的损失。

敌对双方利用强大火力作战,尽量利用对方暴露的弱点,所以,敌对双方都在实施包围部队的后方部署一支梯次配置的部队,在战线后方保留预备队,以应付可能出现的危险。但是,哪一方能实施进攻,迫使敌人转入防御,则要看哪一方能在关键地点占有火力优势。对于一方从决战一开始便放弃进攻这种情况,则另当别论。

当然,发挥最大火力未必能够彻底歼灭敌人。火力要在进攻中直至对敌人阵地的冲击中得到充分的发挥。比如凡尔登战役、索姆河战役和佛兰德战役,虽然炮火如雨般倾注,但是将士们依旧能够在弹坑中存活下来。所以,企图只通过最大火力就歼灭顽抗之敌的抵抗意志，是一种错误的想法。

也许火力会在某个地方取得胜利，但是战争的胜负最终还是要取决于人与人、坦克与人或坦克与坦克的战斗。由于在空旷的战场上，进攻方的步兵部队只能从远方向敌人靠近，所以，进攻方的步兵需要己方炮兵部队提供不间断的、强大的炮火支援，压制敌人的炮兵部队，进而逐步向敌人的步兵炮击。进攻方的步兵在前进中还需要轻型火炮的直接火力支援。最后，在重机枪火力掩护下（还不时得到迫击炮的火力支援），步兵依靠步枪、轻机枪的强大火力靠近敌人，最后通过肉搏战迫使敌人屈服。

坦克推进的速度比步兵推进的速度快，但是它只在进行突破战时才登场作战。最后制服敌人的依然是步兵或者是坦克上的人员。不管武器的作用多么巨大，人始终是决定战斗胜负的主要因素，这个观点不仅适用于陆战，还适用于空战和海战。

空军和海军在进攻中，也是凭借各种武器，不断接近敌人，最终在最近的距离内征服敌人。

总体战要求进行决战，所以要求指挥官必须在关键地点发动进攻。在这里，之所以强调在关键地点发动进攻，是因为在多面进攻以及在长达数公里宽的战线上，没有办法处处发动进攻，敌人会想方设法阻止进攻方的军事行动。

指挥官的艺术在于，在陆上、空中或海上，利用己方兵力和武器的优势，构成主要突击方向，对敌人的薄弱位置进行攻击，一举将敌人击垮。其中，突袭具有极为重要的作用。

摩托化部队、空军具有将作战部队集中运送到作战地点的能力，对发动突袭有着重要的作用。但是，敌人的空中侦察会给这种突袭战造成一定的困难，不过，并不能将全部可能性都排除。

在陆地上，步兵师从正面和侧翼攻击敌人，而摩托化部队迂回攻击敌人的背后，空军则从空中对敌人进行扫射和轰炸。空战的情况与此相类似。一方的战机在敌方飞机的上空做超越飞行，慢慢地对敌人实施包围，海战也是如此。

如果空战获得了胜利，取得了制空权，那么获得陆战和海战的胜利就容易得多。这是不言而喻的真理。

敌对双方中，丧失侦察能力的一方，非常容易能被从空中对地面和海上实施有效攻击的一方压倒。

面对与日俱增的火力，人们不停地探索避免被火力杀伤的途径。这让战场变得渺无人迹。军舰则装备了装甲，战斗车辆和钢盔也出现了，这些都是各国军队的共同财富。此外，像坦克和军舰施放的人造烟雾，被用来迷惑敌人，阻碍敌人的观察视线，或者阻碍敌人的军事行动。至于消除发动机噪声，尤其是消除飞机和潜艇的发动机噪声的愿望，则到现在还没有实现[1]。

为了避免被敌人的火力杀伤，人们挖掘壕沟和利用地面的遮蔽物来躲藏。从日俄战争以来，在战争中利用野战工事的意义已经深入人心。世界大战期间，野战工事又进一步得到重视，但是我们万万不能忘记，阵地战是战争的一种蜕变，因为在当时各国还不擅长通过使用运动战来摘取胜利的果实。事实上，就算采用了运动战，阵地战也可能是经常被运用的作战方式。

但是，不管是运动战还是阵地战，进攻还是防御，都不能不挖掘战壕。因为战壕是躲避敌人强大火力杀伤和保障己方火力得以发挥作用的最可靠的手段。至于是否能够建造抵挡曲射火炮和

---

[1]飞机发动机和潜艇发动机的噪声现在已能得到较大改善——译者注。

飞机火力的遮蔽物,就要看指挥官对战斗间隙的掌握,如果能够把握住这个时机,那么便能够在阵地前方设置障碍,以免己方士兵突然遭到敌人的袭击。

战斗车辆可以顺利跨越障碍物和战壕[1],但是如果战壕垂直陡峭、坚固宽大,那么战斗车辆便难以通过,而这一点在远离前线的阵地上是难以做到的。过去,进攻和防御,谁是战争的最强有力的形式;先让敌人进攻,等到敌人进攻受挫后再发动反突击,是不是最高超的作战艺术等问题是克劳塞维茨等人(或许今天也有些理论家)争论的焦点,大家各执己见,争论不休。其实,这不过是多此一举,是危险的装腔作势罢了,因为它严重阻碍人们正确理解总体战的严肃性和单纯性。

在具有可靠遮蔽物和较好射界的条件下,歼灭从地面接近的敌人,比起歼灭躲在遮蔽物内的敌人要容易得多,这点是不言而喻的,答案之肯定就像1乘1等于1。

从这点上看,在使用大规模军队作战中,防御"强"于进攻。交战中的弱者,或者在战场上某个局部地区的弱者,通常选择防御战,其目的是牵制敌人,为己方争取时间,以便己方远程武器和摩托化部队能够在广阔的战线上投入战斗。

武器的远大射程迫使攻击方不得不在远离敌人的地点提前展开战斗队形,很显然,这增加了进攻方的时间成本,与此同时,进攻方往往难以摸清防御方的作战意图。

进攻方从来都不会感觉自己兵力过多,而防御方却常常考虑如何运用最少的兵力来抵抗敌人。这是防御的一大优点。但是,

---

[1] 在世界大战中,坦克之所以能跨越阵地,是由于它的异常强大,也由于当时还没有像今天这样精良的反坦克武器。

不管怎么说，进攻始终是决定会战胜负的作战样式。

如果防御方捕捉到战机，也能够发动进攻。进攻本身就蕴含着一种居优势地位的自豪感和不可估量的力量，它会让指挥得当的进攻方发挥巨大的威力，战胜在数量上占有优势的敌人。

我已说过，总体战对我们提出了多不胜数的任务。在这样的情况下，我们是不可能在整条战线或同时在每条战线上发动进攻的，所以，我们最终只能在某些地段进行防御和加固阵地。

和平时期，我们就要根据未来战争的态势，在边境构筑坚固的工事或要塞，用来牵制敌人的部分进攻兵力，或者强迫敌人采取对他们自己不利但是有利于我方的作战行动。当然，在这个时代，要塞的作用已经远不如以前那般重要了。

对于法国构筑的从凡尔登到贝尔福的要塞体系，德军是没有办法克服的。所以，德军最终选择借道比利时的作战行动。但是，进展并非一帆风顺，比利时在那幕尔、安特卫普和里尔的军队牵制了德国的部分兵力。

而德国梅斯要塞和摩泽尔河防线也让法军兵力分散。倘若德军最高统帅部富有远见卓识，那么便能够借机全歼突入洛林的法军。在东线，德军由托伦至马林堡，构筑了维斯瓦河防线，但是由于俄国军队在远离该防线的东部地区被击溃，所以，该防线的作用没有得到充分发挥。现在，法国在法德边境构筑了封锁线，这不禁让人们回想起世界大战爆发前，进攻方采取构筑阵地体系的做法。但是，法国军事当局的本意不是守住该防线，而是想通过这条防线发动进攻。所以，称它为"被击溃的法军收容阵地"可能会更有价值。

陆上防御工事是陆军作战的一个重要组成部分和手段，海军作战也是如此。海军修建的军港、基地和江河入海口，是本国舰队出海和停泊的可靠后盾，能够让重要的沿海城市免遭敌人的炮火攻击，防止敌人在重要地段进行大规模登陆作战。而且，构筑有工事的港口有助于商船保持外贸畅通。

在丰富多彩的作战样式中，工事和依托阵地的防御肩负着重大使命。它有助于己方在其他地段的决战获得胜利，但是，防御方只有化防御为进攻，才能最终获得决战的胜利，而进攻始终是决定性的作战样式。

在规模巨大的陆战中，陆军往往能够获得空军的支援，但是它很少能够直接从海军那里得到有力的支援。

在规模巨大的海战中，海军往往能够获得空军的支援，而驻守岸防工事内的部队可以作战或掩护舰队出海。

在空战中，双方航空部队有时会获得陆军或海军高炮部队的支援。

三军作战的最终目的是：消灭敌人，获取胜利。

在陆上、海上和空中，为进行会战，每个军种的部队都要分别进行长途行军、远距离航行或飞行，并派遣疏散开来的保障部队。为了让各种武器发挥最大效力，为了获得决战的胜利，部队要对兵力和兵器进行分组，这种区分能够提高部队的战斗力。

随着技术的发展，空军速度快可以执行侦察任务，陆军则组建了摩托化部队，海军则装备了快速侦察舰，以及其他侦察、间谍勤务，为侦察敌情提供了前所未有的可能性。

所有这些都让指挥部队的难度大大降低。但是，我方所具有的手段，敌人也能拥有，他们也能了解我方的军事行动，所以，从另外一个层面上讲，这些措施也给指挥带来困难。所以，作战行动一定要更加速战速决，攻势凌厉，一举将敌人的海陆空三军击溃，并让敌人没有时间采取反制措施。

部队通过急行军接近敌人并以强大的火力展开战斗，是极为必要的。火力战斗一旦开始，战争就不会像开始前那样"仓促"结束。军舰和飞机可以借助提高速度，加速火力战斗的进程，这是由其本性所决定的。

在陆战中，行军纵队要保持在20公里以上，行军速度每小时4～5公里，每天前进20～30公里。摩托化部队的速度虽然提高很快，但是并不能提高整支部队的行军速度。事实上，双方是以这种缓慢的速度，不停地在长达数百公里宽的战线上[1]相向运动着。

如果作战的情况不是一方进攻而另一方防御，那么双方展开的将是一场规模巨大的遭遇战。

倘若准备进行决战，那么对担负决战任务的部队进行重新编组，编成正面窄、纵深长、间隔小的行军纵队，或者进行梯次配置，把主力放在决定性方向上。如果不打算进行决战，那么每支部队的间距就要大一些，纵深小一些。

不管行军时所采取的形式是哪一种，都不过是达到目的的一种手段罢了。目的是决战，歼灭敌军、摘取胜利的果实。对于敌人的行军纵队，另一方可以进行空中突袭，破坏其行军纵队。

一个坚定果敢的防御者通常会紧盯进攻者的薄弱部位，然后集中优势兵力，发动进攻，并取得决定性胜利。

陆战中，部队的行动非常缓慢，而海军和空军则由于飞机和军舰的快速度，行动非常迅速。不过，在非战争时期，为了节省

---

[1] 1914年，德国军队在从亚琛北部至斯特拉斯堡的300多公里宽的正面上向前开进。另一次，在从布鲁塞尔至梅斯的正面上开进，宽度与此差不多。

燃料，飞机和军舰往往不是全速飞行或航行，它们只有在作战时才发挥最快速度的优势。但是，尽管如此，飞机的最低时速也已达到125公里，军舰最低时速为20~25公里。

虽然海军和空军具有速度快的特性，但是它们要经过远距离机动和在战前展开部署，并要遵守和陆军一样的原则：在战场的关键地段集中优势兵力。当然，海战和空战只有进攻，没有所谓的"防御"，而且因为双方飞机的高速度，其战斗进程要比陆战快得多。至于海军，可以在远距离进行迟滞作战，也不违背这个观点。

通信器材性能的改善对大部队的作战及其统一指挥提供了便利条件，指挥官通过通信器材能够和军队取得联系、下达命令。在陆战、空战和海战中都可以使用无线电报和飞机；陆军可使用电报、电话、汽车；海军可使用信号；等等。但是，使用无线电报可能会造成上级指令被敌人窃取的局面。所以，使用密码迫在眉睫[1]。

不管陆上还是海上和空中，只要进攻获得胜利，就应当马上进行追击战，让敌人的失败变成溃逃。这是我们需要反复强调的真理。虽然，"追击到最后一个人，最后一口气"的指令是正确的，但是在实践上往往难以实现。

事实上，迄今为止，在陆地上，战败方逃跑的速度往往比战胜者的速度快，战败方可以借助少量器材来阻滞追击方的追击，为其主力撤退争取时间。跟以往相比，现在的军事装备条件非常有利于追击方采取追击行动，飞机可以轰炸战败方的部队，摩托化部队和装甲部队可以超越敌人，从翼侧或正面攻打敌人。

---

〔1〕世界大战中，破译密码已成为一门专门科学。

当然，战败方也可以设置障碍，投入相应的人力、物力，动用摩托化部队，甚至在国内展开人民战争，最终迫使胜利者没有办法彻底享受胜利的果实。

也因为这样，想要通过追击战而取得全面胜利，就要投入更加巨大的人力、物力，直到摘取胜利果实为止。

对海上和空中而言，要发挥军舰和飞机的最大速度的优势，歼灭敌人，为决战获得胜利。

关于战斗和战斗中兵力的运用，我就讲到这里。至于登陆等特殊作战行动，我不想细述，但是，我还是想谈谈空、海军在作战行动中的运用，因为它们的行动取决于总体战的本质，是总体战密不可分的一部分。

空军和海军的作战行动，一定不能影响整支部队集中优势兵力的发挥，影响整体作战行动。所有的作战行动都要服务于总体战，除非某个民族在战争爆发时便陷入分裂之中，或者某个被敌人围困的要塞因为弹尽粮绝投降敌人，但是这种情况是非常罕见的！

空军的特种作战行动要针对敌人后方进行，比如破坏敌人前线与后方联系的道路、铁路，其他和作战有着直接或间接关系的重要设施，以及在这些设施中劳动的工人，还有居民区。

破坏敌国军事经济是战争的一个发展阶段的行动，但是这种任务不能妨碍空军获得制空权或与陆、海军的协同作战。空军的任务由最高统帅部下达。对于空中、陆上或海上的决战，军事当局不能有丝毫的犹豫，一定要将最强大的空军兵力投入到战争中。

如果敌国的防空力量较为强大，那么袭击敌国居民的意图就难以实现，而且敌国人民会为了生存，全力配合政府参与防空。但是，如果我方空军拥有空中优势并将敌军击溃，那么空军便可以肆无忌惮地在敌国领土上空飞行。

由于袭击敌国领土上的设施和居民是空军的特殊任务，所以，保护自己的领土和居民不被敌军轰炸，也成了空军义不容辞的一项义务。当然，这种任务肯定是局限于某些重要的目标的，比如，装卸车站、大型工业中心、重要军工厂、大型仓库以及大城市，空军部门还要在这些目标上装备防空器材，设立通信勤务。

每个地方都设防是不可能的，事实上，敌军的每枚炸弹都能百分之百地击中其所选定的目标或者其他目标。不过，防毒面具却是极为有用的。

海军也担负特殊任务：切断敌国民众和军队的物资供给。海军通过海上决战可以获得制海权，但这不意味着海军就能完成上述任务。封锁是切断物资供给的有效办法，而运用巡洋舰、辅助巡洋舰（过去使用的商船或客轮）和潜艇，进行巡洋舰贸易战也是有效的方法。

封锁之苦，德国人民深有体会，它极大地削弱了民族的抵抗意志。而德军的潜艇战虽然没给敌国民众以致命一击，但是也都在很大程度上阻止了敌国给在法国的敌军提供作战物资，以及给英国本土的供给。它对协约国的作战，特别是英国的作战产生了巨大影响，变成了敌国的沉重负担。

关于取消全面潜艇战的努力，即严格禁止在某个封锁区内击沉任何国籍的商船，包括悬挂中立国国旗的商船，是不可能实现的，它就像禁止轰炸交战国居民一样，不过是一种善良的愿望罢了。

在总体战的要求和人民浴血奋战以自卫面前，废止无限制潜艇战成了不值一提的事情。从潜艇和飞机面世以来，封锁方式就随之改变。潜艇和飞机可以阻止任何船只靠近本国港口。过去，一国的海军舰队只在敌国的港口附近布设障碍物和水雷，对敌国港口实施封锁。但是，潜艇和飞机出现后，这些措施便难以奏效。比如，世界大战期间，英国对德国实施这样的封锁：除在德国领海布设水雷外，还控制了德国通往荷兰的运输线，同时封锁苏格兰北部通往挪威的海域。但是，德国的舰长们依旧突破了封锁线。

水下潜艇战和水上巡洋舰战的目的是击沉商船。水下潜艇的主要作战对象是中立国船只，水上贸易巡洋舰的作战对象是敌国船只，以及向敌国运送禁品并被当成敌国盟友的中立国船只。

对付潜艇可使用快艇、携载水上炸弹的飞机、水雷和障碍物；对付巡洋舰可使用巡洋舰和飞机。

封锁和巡洋舰战是以往的作战手段，现在，随着各国人口的增长，军队对军事工业的依赖，以及军工对原料的依赖，封锁战的作用比以往更加重要。给养和作战器材的短缺，会让民众忍饥挨饿，进而对民族精神的团结造成破坏，会让军队丧失战斗力。

在论述完军队和军队的作战之后，还得提提战斗中的人民。人民在战争中会遭遇不幸，被敌人当成作战行动的目标。某个国家如果变成战场，那么这个国家的人民就会遭受苦难。不仅如此，敌人还会通过各种宣传来瓦解人民的精神团结。

我们在这里还要说说极为特殊的作战样式："人民战争"。它是在1870—1871年以法国游击队作战的形式出现的。

这种游击队由若干爱国者集合而成，他们没有军事指挥体系，身穿便服，没有标志，所以也不能得到国际法的保护。在比利时，我们也遇见过类似的组织，叫国民近卫军，与德国的后备军类似，他们同样没有军队标志和军事指挥体系，他们是在比利时人的资助下成立的，但是比利时人的"人民战争"和法国的游击战还是有相同之处的。他们活动的区域主要在我军的开进地域，而不是我军后方。

虽然人民战争也和陆战法规和惯例相符合，但是就像世界大战所表现的那样，人们并未重视这些法规和惯例。在这里，强权政治起着决定性作用，强权政治就是"法规和惯例"。

不过，如果人民战争是在战胜国部队背后，由一支经过军事训练、佩戴军队标志、有军事指挥的队伍进行的，那么它就是符合国际法和惯例的人民战争。

在民族饱受战争之苦时，它是需要这样的人民战争的。不过，只有人民团结一致和拥有强烈的为维护民族生存而战的愿望时，这种人民战争才有可能出现。世界大战期间，俄国好像预计到德国会进行人民战争，所以，它将它所占领的东普鲁士领土上的拥有作战能力的男性迁到别处。也因为这样，1914年秋季，我在波森城堡时，便将适合服兵役的年轻人和男人从被俄国军队威胁的领土里撤出。这是因为我担心，战胜的敌人可能会不遵循国际法，那么人民战争所涉地区的全体民众都会遭受巨大的灾难。

军队的种类名目繁多，其组织形式和使用方式也是多种多样。两军决战，有关民族存亡，部队风餐露宿，长途跋涉，而各项战争工作错综复杂，人民也要遭受各种苦难。也许就在明天，军队便会领命出征，而人民会应召效命。军队和人民一定要时刻做好准备，为民族生存贡献自己的全部力量。

第六章

总体战的实施

认为战争一定是从宣战开始的观点是错误的。日本在1894年突袭中国和1904年突袭俄国,都不是以宣战为开端,而是以突袭中国或俄国的运输舰或战舰开始的。英国对布尔共和国的战争[1]也是如此,它是通过游击队入侵布尔人居住区为开始的。

　　而德国在世界大战爆发时的宣战带来了巨大的灾难,1914年8月帝国首相冯·贝特曼、霍尔韦格向俄、法宣战,结果证明了这是一次多灾多难的宣战,想必人民依旧记忆犹新。

　　德国宣战书中的一些词句被敌人利用了,他们将这些词句断章取义,作为宣传工具,激励其国民的民族精神,但却造成我国人民的精神力量的削弱。虽然人们对进攻战一窍不通,但是却深谙为其生存而战的真理。

　　他们很容易从宣战书中看出进攻别国的意图。如果他们没有感受到敌国的威胁,其民族精神也就没有办法得到激励。所以,"战争威胁"这几个字比动员令更有效果,更能激发民族精神。

---

　　[1]即英布战争,也称布尔战争或南非战争。布尔人是荷兰在南非移民的后裔,19世纪在南非建立奴役黑人的德兰士瓦共和国和奥兰治自由邦。英国为夺取该地重要矿藏,意图吞并这两个国家,于1899年发动战争,布尔人战败,1902年媾和,两个国家被英国吞并,1910年并入英国自治领南非联邦。

世界大战期间，德军在西线对英、法等国军队发动进攻，对此，德国人民竟然认为，我国所发动的战争是侵略战争，结果，造成了人民为民族生存而战的意志遭到了严重的削弱。

但是，倘若我们不想被动挨打的话，帝国不得已而采取的防御战却一定要通过进攻这种方式来进行。可是，人民对此一无所知，加上我们并未重视这方面的军事教育。

总体政治的最重要任务是（对统帅来说也一样），不能重蹈1914年的覆辙，再去发表什么宣战书或者错漏百出的人民宣言，我们一定要吸取教训，它令德国的作战和人民在战争初期遭受了难以估量的损失。

只有人民坚信，发动战争是为了维护民族的生存，人民乃至于每个国民才会不惜一切代价为战争服务，这点比什么都重要。

一个国家决定进行战争后，就要在军队、经济、人员等方面做好战争准备。这种准备也就是我们所说的动员，动员需要审慎周密、准确细致的计划和规定，而这种计划和规定在和平时期就要准备好，每年都加以修订。

我在《我的军事生涯》中讨论了军事动员和准备工作，其中包括征召休假人员归队和募集马匹，让常备军从平时状态变为战备状态，将平时编制变为战时编制；向要塞传递警报；设置行政机构；动员后备人员并进行相应的军事训练。

这些都是我在世界大战爆发时[1]所处理的事情。但是，今时

---

〔1〕作者时任西线第2集团军司令部军需长（相当于副参谋长，负责后勤事务），1914年8月任东线第8集团军参谋长，1916年8月任德军最高统帅部第一总军需长（相当于副总参谋长，负责作战）。

不同往日，现在的准备工作不能局限于军队的各个方面，正如我在第五章所说的，战争也与财政、经济领域，乃至人民的生活和供给息息相关，而且我们还要制定与维护民族的精神团结相关联的方针政策。

关于最后一点，我在前文已经论述过了，在此不再赘述。我们所做的一切都是为了达到这样的目的：动员每个德国人，无论是在前线还是在后方，无论是军人还是百姓的物质力量和精神力量，来为战争服务。

如果有可能，我们就要在战争爆发前给人民提供一个表达他们维护民族生存的意志的机会，我认为，这是非常有意义的。它会警告那些"不满分子"，人民是不会给他们提供可乘之机和活动余地的，此外，它也有助于军队统帅察觉是否有破坏分子趁着动员的机会渗透到军队中。

衡量人民是否效力于国家的一个可靠标准就是，适龄青年中有多少人响应国家号召，参军服兵役。当然，一定要特别注意，有些"不满分子"会趁机混入军队。然而，事实上大多数"不满分子"喜欢在大后方活动，而不愿意上前线打仗。

我记得，世界大战爆发当年，敌人就希望社会民主党破坏我们的作战行动，不过，他们并未如愿，敌人最终大失所望。不过，战争进行的第二年，他们却又欣然宣布，又"可以依靠德国工人的力量"了。

做好了战争决定后几个小时内，规模庞大的空军部队、骑兵师、摩托化部队、陆军各兵种、海军轻型舰只，以及用于贸易战的舰船，全部都要做好战斗准备。

军队的其他部队也要做好动员工作，剩下的陆、空军部队和海军舰队则要在动员后的第二天在原地做好战斗准备；平时编组的和补充常备军的部队，都要在动员后3至5天做好战斗准备。

此后数日，预备役部队、卫国军、后备队、攻城部队、兵站都要做好战斗准备。与此同时，应为后备队选派干部[1]。

为配合空军的快速动员，防空部队一定要在宣布动员后做好战斗准备，而空中通信勤务要进入战备状态，运转起来。为了阻止敌人的边境部队入侵，要做好相关的防御工作。为了防止敌人的海军靠近我国海岸，一定要做好海岸和军港的防护工作，要将战时标记设置在港口和航道上。

对某些国家来说，比如意大利和法国，它们可以凭借边境线上的崇山峻岭进行边境防御，所以，进行边境防御比较容易，更何况法国还在边境上构筑了防御工事。

处境最为艰难的要数这样的国家：深处敌国的包围之中，四面受敌，却又没有险要地形可以防守，不能避免在正式作战开始前就遭到敌人的入侵。这种问题是这些国家无法解决的难题。如果兵分数路，处处抵抗，一定会分散兵力，最终极有可能带来灾难性的后果。比如，1914年德军最高统帅部就无力保卫东普鲁士省的东南部分地区。在动员的最初几天，敌人没有入侵这里，并不是因为我们采取了什么防御措施，而是纯属敌人的疏忽。英国海军未出航北海、封锁那里的德国港口，也同样是由于英国的大意。

在战争准备的诸多事项中，最重要的一项是战略展开的准

---

[1] 我列举的这些数字均指过去，和平时期骨干力量越强大，动员也就会进行得越迅速。法国的常备军就计划在很短的时间内做好战斗准备。

备，也就是，如何运用做好战斗准备的军队来对付敌人。如果像1914年法国、比利时和英国那样，是一面作战，那么战略展开就容易部署了。但也因为如此，法、比、英等国才能集中其全部兵力攻打德国，企图给德军以致命一击。至于英、法海军没有联合起来击溃德国海军这个问题，我个人认为，这是敌国作战指挥上的一个不可原谅的错误。

俄国也是集中兵力于西线，企图一举歼灭敌军。但是令人不解的是，它为何将战争的主要对象定位为奥匈帝国，而不是像它的盟友那样，集中全部兵力攻打德国？为什么它不调用它的西部海军和陆军并肩作战？

跟英、法、俄等国相比，德国、奥匈帝国所处的境况则要艰难得多。为了解决这一个难题，德军最高统帅部在西线配置了大量的兵力来对付比利时和法国（当然也一定会跟英军交战），而只在东线保留少量的兵力来对付俄国。正如同对于英法海军的行动一样，我对德国海军为何不和陆军协同作战获取西线的决定性胜利，感到难以理解。或许是缺少一个统一的、强有力的指挥机构。对此，我在下文会再论述。

奥匈帝国主力集中在加里西亚一带，但是，奥匈帝国却将大部兵力用来对付塞尔维亚。它企图在对塞尔维亚速战速决后掉转枪口对付俄国。不过，奥匈帝国的作战意图没有实现。匈牙利铁路有限的运输能力，造成了奥匈帝国的部队不能在企图与俄军决战的地点形成优势。

在下达战略展开指令以进行战争准备的同时，一定要全面评估外交态势，要对敌人的情况和敌人可能采取的一切措施进行认真细致的考察，要对战场的地理条件非常了解，要对本国的军队了如指掌。

像瑞士这样的国家，它的军队只能集中在边境防御，结果自然是好不到哪里去。总体战要求的是消灭敌人。虽然瑞士自己也部署军队进行防御，但是它也希冀别国能够帮它将敌人消灭。

所以，战争的本质（歼灭敌人）并不会因像瑞士这样的国家而产生丝毫的变化。像德军最高统帅部在1914年遇到的问题一样，在决定战略展开时，摆在地理条件不利的国家军事当局面前的，都有一个相同的问题：在众多的敌人面前，究竟先攻打哪一个国家便能决定战争的胜负，即到底哪个国家是最危险的敌人。

作战时，指挥官要做的是确定主攻方向，然后再攻击敌人弱点，进而获得胜利，这就是指挥作战用兵的艺术。

同样的道理，在战略展开时，一定要将最危险的敌人作为主攻对象，也要将主力部队调到该方向上，同时一定要争取在敌国领土上进行战争。对付其他敌人，只需要动用少许兵力，防止这些敌人对主要战场的行动不致于产生影响即可。

为了更好地阐述这个思想，让我们回过头来看看1914年8月末至11月德国在东线的战况：当时我和奥匈帝国军队联合作战，牵制了在数量上占有绝对优势的俄国军队，为德军最高统帅部在西线从容杀敌创造了良好机会。但是，事实上，德军最高统帅部并没有及时地利用好这个机会，他们在西线无所作为。

也许德军最高统帅部是考虑到国家所处的地理位置极为不利，所以将部队放在了国内有利的铁路线上，希望等到情况明了后再调集部队进行转移。但是，不管原因如何，我们也决不能因此破坏从一旦开战就须全力迎敌的基本原则。

如果说，处于这种不利的地理环境下，统帅难下决定是因为要保护国家免遭战争的灾难，那么自应另当别论。不过，1914年东线的情况并没有沦落到遭受灾难的地步。事实上，德军在取得了坦嫩贝格大捷和马祖里湖会战胜利后，东普鲁士国土已经远离俄国的威胁。再说了，保卫国土的努力绝不能成为战略展开时兵力分散的原因。

1914年8月末，德军最高统帅部为了彻底消灭在东普鲁士领土上的俄军，特意从西线作战部队中抽调两个军，赶往东线支援，结果导致了在西线上进行的马恩河战役功败垂成。

倘若国家的部分领土不得不暂时让给敌人，那么在动员时，国家就要采取措施，即将拥有作战能力的男子和对作战有所帮助的人员和设施从该地撤走。倘若国家准备进行人民战争，那么就要采取特殊的动员措施，将受过训练的相关人员留在原地，组织作战。

对于战略展开来说，现成方案是不存在的。不过，人们也认可这样的看法，即应在寻求决战的地段投入最大兵力，对其他地段则只用必要的兵力应付。一定要在作战开始时就不顾一切地将全部兵力投入进去。对很多已知的、可能产生的威胁熟视无睹，顺从战争的安排，这需要极为坚强的意志。

如果下定决心，以军队主力寻求首次决战，就一定要集中兵力于决定性方向上，以备随时发动进攻，至于其他战争则有多种战法可以选择。1914年，我在东线之所以取得了坦嫩贝格会战和马祖里湖会战的胜利就是因为我充分利用敌人的弱点发动进攻。

如果敌人没有暴露弱点，那么我当时就会采取这样的措施：在维斯瓦河一线实施防御，依托此处防御工事实施迟滞作战，边打边撤[1]。统帅不应在战略展开指令中对完成任务的方法进行规定，他只需要明确地提出任务，准确地指定任务即可。

统帅要铭记于心的一点是，战略展开指令只规定展开事项，不涉及其他。

指令中，在规定展开地域部队区分的方式方法时，统帅一定要考虑到随后的作战，但是他不能仅凭最初搜集到的情报就做好随后的作战行动计划。纸上谈兵于事无补，战争是严肃的现实。

按照计划行动一定会获得胜利，最重要的是要充分利用敌人的弱点。就算我们的主攻方向刚好是敌人的弱点之所在（这固然很好），但是敌人的实际情况也绝对不会和我方展开计划中的预想完全一致。

所以，统帅不能被依据不清晰的情报而制定的作战计划束缚，而要根据侦察得到的情报制定作战计划和实行军事行动，在至关重要的地段将敌军消灭，或者完成预定作战任务。

施利芬将军制定的对法国的作战计划，是适用于1904—1905年的，但它不适用于世界大战，因为当时法军肯定会集中兵力进攻洛林，但是冯·毛奇将军并没有放弃这个作战计划，而是对它稍加修改，企图让德军以迪登霍夫[2]为轴向左转。预计在这过程中与敌人遭遇，并借机包围法军左翼，将其歼灭，而其他的法军也会逐渐被消灭。所以，毛奇将军并没有充分利用敌人在其他地段出现的弱点，当然，德国军事当局对此也是犹豫再三，未能下

---

[1] 我必须强调指出，1914年8月我并未考虑过这一方案，绝不像柏林大学教授瓦尔特·埃尔策先生这样的历史学家后来散布的关于我的不实之词。

[2] 法国城市，今称蒂翁维尔，地处洛林地区。

定决心。

对于一位领导制定的计划假如由另一位领导去执行，如果后者不能够将这个计划完全变成自己的计划，那么计划一定得不到彻底的落实。有关这一点，我将在下一章论及。

军事当局如果拥有一支优势舰队，那么一切都会变得简单多了。我们只需充分利用这支舰队和敌人进行决战就可以了。反之，如果想以弱敌强，那就非常不容易做到。

陆战中，当我们无法寻求决战时，就只能选择迟滞战或撤退。这点也适用于海战，弱小的舰队也要采用这样的战术。

在这里，削弱敌人海军兵力的现成方案也是不存在的，因为我们根本不可能知道，敌人究竟会暴露什么缺点，进而给我们提供何种有利时机。但是，不管怎么说，海军的作战计划一定要和国家总的作战设想保持一致。

在总的作战范围内，海军首先要做的是，进行水上和水下的巡洋舰作战，划定敌国沿岸的封锁海域，切断敌人的海上交通线，击沉进入该封锁领域的所有船只，包括中立国的船只。

空军也是如此。我在这里所说的空军，并不是指战争爆发时陆军、海军所使用的配属航空兵，而是指为了赢取空中优势而有计划、统一使用的空军主力部队。

在寻求战略决战的地方，一定要有空军的身影。在战略展开指令中，统帅一定要确定空军力量的分配，以便陆、海军拥有一定的配属力量，要不然，行动的统一性将得不到有效的保证。这点至关重要。

战略展开指令作为战争行动的基础，一定要对各军种的任务作出上述各种明确规定。毛奇将军曾说过，在战略展开中所出现的过失，是无法在战争进程中加以弥补的。

不过，在科技高速发展的今天，军事当局可以根据战略预案修建庞大的铁路网，因此，毛奇将军的话便丧失了一部分意义，但是这不过是很小的一部分。在和平时期，军事当局有足够的时间来对战略展开的各项部署进行认真的分析，验证其可行性，比如图上对抗作业等。

通过这些方法，我们将更加了解双方情况和计划实施的可能性，知道这种可能性究竟有多大。但是，作战绝对不能受这种理论经验的迷惑和束缚，用一个"一成不变的计划"去应敌！

部队部署完毕后要立即投入作战，不能有半点迟疑。在部队主力尚未按照战略部署、利用铁路进行大规模机动之前，可以在国家决定进行战争的同时开始战争行动。

在边境，擦枪走火现象会出现，到时在和平时期驻守边境地区的摩托化部队或者骑兵师便能够通过敌人没有设防的边境线突袭敌国。不过，这种行动并不能每次都成功，也会失利[1]。

在两国相邻海域，双方执行侦察任务的军舰会零星交火或开战。在公海上，水上和水下的舰艇应该对敌人发动进攻。封锁战也可宣告开始。

此时，空军也要执行陆上和海上侦察任务。

在这个阶段，制空权应当成为作战的重点，空军一定要集中兵力夺取制空权，对行进中的敌人进行空袭，并对敌人的机场进行空袭。紧接着，我方空军应当集中力量与敌人的空军进行大规模的空战。

---

[1] 如1914年，俄国骑兵师侵入东普鲁士便是意料中之事，但我们也未从中受益。

在执行这些任务过程中，空军不可避免地会给敌军展开地域的居民带来灾难。

对于空军究竟要用多少兵力去执行轰炸敌人重要工业城市、设施、发电厂以及政府所在地，则要视具体情况而定，这里没有万灵膏药。

在空军采取行动后（或许在战争打响后的48小时，也许早一点），海军就要集中全部力量展开作战，其中主力要准备和敌人进行决战，或者是执行上级分配下来的任务。但是，海军一定要记住，执行这种任务可能会与敌人主力相遇，进而发生大规模海战。不过，这种海战和水上、水下的舰艇战和封锁战一样，对战争全局具有重要的作用。

陆军的行动可以稍微迟一些再展开。因为规模庞大的陆军不像空军能够在短时间内飞到边界，而是要通过精心安排的铁路运输，从内地边界和作战地域进行大规模机动。

通过战斗车辆来实施这种机动则是不可能的。至于有人说，军队展开时可以利用公路和汽车来代替铁路，这种说法纯粹是危险的梦幻。这里所说的运输，不但要运输人员，还要运送机枪、弹药、作战需要的成建制的全副武装的作战单位[1]。

在世界大战中，敌我双方的陆军发生激战是在动员后14天开始的，放到现在，可能时间还要短一些。不过，大规模的作战行动必须在战略展开完成之后才进行。空军和海军一样，随着作战

---

[1] 这种部队是没有办法通过汽车来运输的。不过，在其他情况下，比如在某些地区为了防御敌人突破或者突袭（在实施机动防御时），作为一种在局部地区采取的措施，汽车和公路是具有一定意义的。

行动的开始和其他两个军种并肩作战。

关于战争的进程,我在《世界大战威胁着德国》中有过描述,但这不是本书的主题。在这里,我只想强调一下一般规律,而不想对战争在一定条件下实际进展如何进行详细的论述,我想将这个问题留给读者自己去思考。

但是,可以肯定的是,在战争爆发的第二个星期,各个战场的战事将全面展开。战争的形式将根据双方是一决雌雄,还是一方进攻另一方防御的不同而千变万化。各处兵力的多寡虽然不尽相同,但两军对峙却是司空见惯的。

紧随兵力机动或防御措施完成而来的是会战和战斗。

在双方寻求决战的战场上,双方会投入相当规模的兵力和武器,在宽达数百公里的战线上,展开长达数日的会战。这些我已经在前文作了详细的阐述。在主力部队机动范围之内,也许有摩托化部队或骑兵师处于敌军正面和翼侧,它们将会在会战开始之前或者会战开始时投入战斗。

在只有一个敌对国家的情况下,倘若真的能够在预期的地段获得决战的胜利,并通过追击战决定战争的胜负,那么对战胜国的军民来说,是一件幸事。不但是德军最高统帅部,德国的敌人也希望一战定输赢。

但是,这种一战定胜负的战争意图是难以实现的,因为首先,军队规模巨大,失败的一方能够获得源源不断的补充;其次,发达的铁路系统能够为军队集中和转移提供便利条件。一般情况下,首次决战后,战争将继续进行。当然,这只是针对只有一个敌国的情况说的。不过,如果有很多个敌人,那么情况则更是如此。我在后文所要提及的,都是以多个敌人为前提的。

对于顽强抗争的敌人，我们可以回避其挑战，暂时不寻求决战，而是在宽大正面上以迟滞战的形式（摩托化部队也是如此）进行防御会战。不过，只有进攻才能获得胜利。进攻现在是、将来依然是最有效的作战手段，比如，1914年8月我在东线战场上所进行的坦嫩贝格会战就是这样。

一提起撤退，大家都感觉不是很光彩，这种心情是可以理解的，因为撤退常常是在别无选择的情况下做出的战术决断。不过，从另一方面看，战争经验又表明，只要战士们对上级领导的决策坚信不疑，而上级又能够有效地控制他的部队，而不是慌慌张张进行撤退，那么就算让大部队向后撤退也不会对军队的团结精神造成威胁。

空军和海军作战部队在获得胜利后，甚至只能返回基地，同理，陆上战斗也应当是这样。只不过，陆地上的撤退要以部分领土为代价，这对日后的作战会产生决定性影响。

能否对尚未全军覆没的敌人进行一次致命打击，能否将其他敌人击溃，要看该国能否集中兵力组建新的力量，能否遵循作战准则，即重新实施远距离机动，向敌人发动进攻；充分利用敌人暴露的弱点，在决定性方向上用优势兵力攻打敌人，摧毁敌人的抵抗意志，甚至让敌人获胜的作战意图破灭。

迅速决断和灵活机动能力是指挥者要具备的主要素质。机动能够弥补兵力不足的缺陷。在这点上，铁路过去对于作战所具有的意义今天依旧存在。

1914年，德军最高统帅部在西线以优势兵力战胜敌人的作战意图没能实现。

1914年11月当时机到来时，德军最高统帅部却没有抓住机会，没能构成新的作战重点（集中兵力消灭俄军）。要知道，1914年秋季，通过铁路将大部队由西线运到东线是完全可能的事。

1914年8月，我在坦嫩贝格会战中击溃敌人一个集团军。在同年9月，我在马祖里湖会战中歼灭敌军另一个集团军。随后，我调集部队火速赶往西里西亚，支援遭受重大损失的奥匈帝国军队，以便它可以继续向桑河和维斯瓦河前进，在行军途中，我又再度将敌军击溃。

此后，处于劣势的我军便在桑河和维斯瓦河畔以及华沙南部修筑工事，进行防御，准备最后向西里西亚边界撤退。

为了和从东普鲁士搭乘火车前来的第8集团军一部一起向早已撤退到该地的俄军左翼发动进攻，我再度利用铁路将部队运到格内森[1]、霍恩萨尔查[2]和托伦。

1757年11月5日，腓特烈大帝在梅泽堡附近进行了罗斯巴赫会战，接着又于12月5日在布雷斯劳进行了洛伊滕会战。

上述一切，说说容易，做起来却比较难。就像我发动进攻而敌人毫不抵抗，在这种情况下，获胜是自然而然的事情。就像我准备充分或者拥有明显的优势，将敌人击败也是轻轻松松的事情。

不过，事实并非如此，更何况敌人如何行动，我们根本不清楚。如果我们想要在某个地方击溃敌人，那么在另外一个地方的弱点就只能暴露出来。而弱点一暴露，敌人就很有可能利用这些弱点，正如同我们利用敌人的弱点一样。

但是，如果遵循行动准则，处境会好一点。

---

[1]波兰城市，今称格涅兹诺。
[2]波兰城市，今称伊诺弗罗茨瓦夫。

在一处获得对敌人的决定性胜利,便能够阻止敌人在另一处利用我方暴露的弱点。施利芬将军在实施战略展开时,如果驻守萨尔布吕肯的德军较弱的左翼被占据优势的法军击败(1914年法军真的对此翼发动了进攻),那么就算德军在右翼取得了胜利,也不能对整个战争的结局发挥作用。

总体战的实施过程,通常是一次行动紧接一次行动,一场会战紧接一场会战,为了重新凝聚力量,这期间可能会有或长或短的间隙,运动战也可能再度变成阵地战,将战线延伸数百公里,让敌人既不能攻克,也不能实施包围作战,直到战争结束。但是,战争的结束常常不是因为一方打败敌国军队,而是因为敌国民众出现了分裂。

在行军和会战中,部队在体力上、精神上都要承受严峻的考验。失利让人垂头丧气,但是胜利也只能暂时让人欢欣鼓舞。伤亡人员一退出军队,就有后备人员填补进来。不过,由于新兵和老兵之间还没有真正地建立情谊,不管新兵的意志有多么坚强,二者依旧处在两个互不联系的世界里。在这里,我们要特别注重的一点是:全军将士是否认识到为维护民族生存而战斗的意义,是否已将克服各种困难、保持坚强不屈的气概和能力都铭记于心。

从新兵和老兵的关系上,我们可以看出,每个士官和军官在他所管辖的范围内,是否配得上一队之长的职位,能说明部队是否以坚如磐石的战斗意志和自愿服从精神代替了机械的军纪。但是,最终能对军队发生重要影响的是民族的精神力量,但这主要取决于军民间交往的密切程度。

陆上、空中和海上行动一旦开始,军队对生活必需品、饲料和燃料的需求就会没有止境。这些物资可以从国内运往前线,也可以从占领区获取，这种情况会贯穿整场战争。

首次会战后，各种补充人员、弹药、装备，都会连续不断地从国内运往前线，而伤员和被损坏的军事装备则被运到后方：军队的后方交通线上将呈现出一派紧张繁忙的景象。如果作战区域在本国领土内，军队和后方、军队与人民的联系就会更加直接，就像驻守军港和机场的军队与当地政府和人民的联系一样。

在下达动员令后不久，军队的后备部队一定要组建完成。其中有些是接受过军事训练的士兵，大部分则是没有经过军事训练而刚服兵役的适龄青年。所以，需要对他们进行军事训练，与此同时组建新的后备部队。

虽然步兵训练很不容易，但是跟其他军种相比，步兵训练还是最简单的。在战场上，步兵的损失虽然是最大的，但是它能够暂时得到相应的补充。所以，步兵兵力依旧能够维持下去。如果步兵像世界大战中的德军那样得不到补充，那么部队的战斗力便会锐减。

相对于步兵，其他军种的新兵训练却困难多了，其中尤为困难的是空军后备人员的训练，因为损失一架飞机，通常意味着损失整个机组人员。各种作战装备的准备也不是一件轻松的事情，这种难度不亚于人员方面的准备。

就像组建后备部队和开展各项工作一样，整个工业系统都要全心全意为军队服务，做好一切相关准备。首先，它要为军队提供数额巨大的武器弹药，如果和平时期储备很少，战时就会要得急。至于武器弹药的质量问题，则另当别论。其他武器装备的制造也是如此，比如机枪和火炮，都需要很长的时间，甚至维修被运送到后方的破损的装备也难以在一夜间完成。对工业系统来说，最为难办的事情是，及时补充飞机及其发动机、坦克和军舰。

受伤的飞机大部分会坠毁，而制造新飞机和培训飞行员又非常困难；装甲车辆的情况也好不到哪里去；而海军的军舰一旦沉没便难以适时补充，虽然小型军舰能够补充，而遭受重创的军舰的维修往往需要很长的时间。同时，我们要注意到，在激烈的战斗中，如果一艘军舰被击中会对整个舰队的战斗力产生严重的影响。这点不适用于陆军。一般而言，一两件武器装备的损失丝毫不会影响陆军的战斗力。战斗中，空军和海军要想维持战前水平，几乎是不可能的，就算后方人员殚精竭虑，努力工作，也无法做到这点。上述这些情况不是像世界大战那样，在战争中弥补平时的缺额，而是要工业系统维持最高的生产水平。

动员令下达后，国内财政、经济和内政等方面的各项措施开始施行，其目的是，调整人民生活和经济进程，维护民族团结，防止"不满分子"进行破坏行动，与此同时，国内人民和军队的补给工作也按部就班地进行。

有关这方面的情况，我已在前面的章节里作了详细的论述。至于究竟哪些措施能够落实，哪些措施无法落实，就要依据一些基本情况而定，比如土地耕作和施肥的情况，比如国内和占领区内的原料储备情况，比如国内原料产地和重要工业设施的毁坏情况，比如劳动力的情况及他们的精神状态。但是，无论这些情况如何，每个国家都会遇到同一个难题：战争持续的时间越长，给经济的计划组织以及人民和军队的供给所带来的难度就越大。

不过，这个问题并不完全适用于每个国家。比如，世界大战中，英国、法国和意大利，他们凭借天然的地理条件，且得到世界经济强国美国的支援，境况较好。而对另一些国家来说，它们的人民只能背负着沉重的精神负担，拼命工作，为前方提供补给，但是随着给养、被服和军队装备供给的每况愈下，人民的负担有增无减。

此外，还有一个问题值得重视，那就是，战争持续的时间越长，人民的不安情绪会不断增加，人民的精神遭遇严峻的考验。首次会战后，部队的伤亡情况会给人民带来不幸。战胜国没有办法避免伤亡给阵亡的将士家属带来悲伤，它会让人民情绪沮丧消沉。而这种情况对战败国来说，情况则更为糟糕，战败国民众会更加灰心丧志，一蹶不振。而处于会战区域中的居民，则直接遭到战争的伤害。他们只能收拾行囊，逃奔他处，进而造成该地的不安定因素急剧上升。敌占区同胞深陷危险之境，生死未卜，使民众的不安情绪更加严重。敌军对大后方居民的空袭行动和日渐严重的饥荒，使这种不安现象蔓延到全国各地。

如果想要避免上述情况影响战争，那么就要有坚强的民族精神团结。在这种非生即死的战争中，只有民族精神的觉醒，正确地引导人民，才能够保证民族团结。

倘若军事态势和民族精神团结两者联系较为紧密，那么大后方的情况就不太会对军事作战产生严重的影响。但是，如果前线战事屡战屡败，而国内的"不满分子"日益猖獗，民族精神团结遭到破坏，那么战争的结局就彻底不一样了。

在这样的情况下，战胜国在集中兵力进行决战的同时，还会发动经济战和人民战，即想尽一切办法破坏敌国的经济和挑唆敌国人民和军队之间的关系。这个时候，能够对付敌人空袭行动的也就只有天气了。想要维护民族的生存和军队的生存，这个时候，唯一能做的就是缩短战争时间。

敌人不间断的进攻行动，给战败国民族精神团结提出了更高的要求。在这种情况下，"不满分子"便会乘虚而入，大肆破坏。当然，这个时候，也是敌人进行宣传的最好时机。战争爆发的第一天就已经启动的宣传战，在这个时候会给敌国人民带来极为强大的破坏力量。在德军依旧占有优势地位时，在那里妖言惑众的除了敌对国家之外，还有他们的帮凶（"不满分子"）！

所有罗马、犹太人和共济会的报刊大肆宣传"和解和谅解"的和平论调，遍布全国，而各种牢骚抱怨也传到民众耳朵里。但是，在德国打败敌人成为胜利者时，这一切便销声匿迹。

在战争期间，他们用"自由""幸福"等虚无的字眼来诱惑人民！其实，他们用所谓的自由、幸福的目的是把更多的人民置于他们的奴役和掠夺之下。当战争结束后，他们便避而不提所有的许诺。很显然，敌人的宣传产生了巨大的作用，而人民则像蜉蝣[1]，生命短暂，来去匆匆，早已将这些忘得一干二净。于是，德国民族的精神团结最终遭到瓦解，军队也成为一盘散沙，经验成了殉葬品。

在以后的总体战中，宣传要针对人民的情绪进行宣传。宣传工作发挥作用有个前提，即要对敌国民众当前的思潮，他们的愿望和希望，以及他们对政府和战争的态度，都进行深入细致的研究。

宣传在民族精神团结出现分裂、因为战争带来的灾祸及给民众的精神和肉体造成创伤时就会产生巨大作用。一支常胜之师能够阻止民族精神团结出现分裂，但是一支失败的军队却难以做

---

[1] 一种小型昆虫的通称。其成虫寿命极短，一般在数小时至一周间，大多朝生暮死。

到。在战争中,军民间的关系可以借助二者的交往得到加强,比如,后备队连绵不绝地开赴前线,伤员被运往后方和伤愈者被送往前线等。

为了避免造成不利影响和引起广泛不安,军邮有时会暂时中断,直至人民直接参与战事。一旦民心动摇,军民将陷入危险的境地。不管战争采取什么样的形式,它的结局都将像世界大战所呈现的以及我所描述的那样。

在世界大战中,交战国是不会寄希望于只通过战场上的决战来决定战争的胜负的。事实上,战争在宽广的战线上变成了阵地战。不过,德国的敌人在东线和西线不断地发动反攻,意大利军队和罗马尼亚军队也参与进来,企图获得决战的胜利。

对此,我先是击败罗马尼亚军队,进而击垮意大利军队。但是,这些胜利对决定战争胜负根本不起决定性作用。1918年,我在西线进行一次决战,希望通过决战来决定战争的胜负。我调集重兵攻打敌人薄弱之地,并将敌人击败,但是最终因为兵力不足,而不能持久作战。

我们的敌人由于美国的参战获得了强大的生力军和数量极为可观的军事装备,他们凭借优势装备对德军发动猛烈进攻,造成德军无法坚守阵地,被迫撤退。直到德军最高统帅部下令撤退回国,我军最终落得了和保加利亚和奥匈军队同样的下场。

如果当时德军再度坚守坚固的阵地,那么敌人能否在西线对德军实施进攻?在这里,我们不打算讨论这个问题。一句话,战争的胜负常常不是通过纯粹的会战,而是通过革命来决定的。

情况如果真是这样,那么战斗的胜败便无济于事。战争的这种结局符合总体战的本质,符合今日人民的精神状态。但是,总体战至今还没有真正的实施过。然而,面对一个精神坚强的民族,战争胜负却只能通过会战(消灭其顽强不屈的军队和精诚团结的民族)来取得。就算出现这种情况,它的幸存者依旧能够唤醒当代人和子孙后代起来维护民族生存,让两代人同舟共济,共赴国难。

第七章

统 帅

我们所说的统帅，指的是那些为维护民族生存，用他的头脑、意志和心灵来领导总体战的人。统帅所担负的职责，其他人不能越俎代庖。他既是指挥战争的人，也是他本人思想或意志的执行者。如果说，对他而言作战指挥不过是茶余饭后之事，那么这种人就不能做统帅，因为他的各方面才能都跟这个工作最艰巨、要求具备最卓绝的才能和最坚强的意志的职位要求不符。相反，他会亵渎统帅的庄重与伟大。

具有统帅之才的人，应该位列军队中的最高位置。如果情况不是这样，那么将百害丛生而无一利可图。

只有位居最高位置，统帅的言行才具有统一性和权威性。只有这样，才能打败敌人，维护民族的生存。统帅的决断和意志的权威性一定要遍布各个领域。对于我们所说的领导总体战的人，能否配得上统帅这个称号，只好等待战争去证明。在现实生活中，平时的理论家或天才在战时却表现得碌碌无为，与统帅的要求相差甚远，而有些人却能够在战争中一展风采。

腓特烈大帝是一位专制君主和统帅，他是统帅的标准。自腓特烈大帝去世后，"统帅"一词对人们而言，则含糊不清，进而对作战和人民造成伤害。[1]在普鲁士王国，威廉一世既是国王又是军队最高司令。在威廉一世的麾下，总参谋长即冯·毛奇伯爵，统领作战事宜，他所起草的指令都以威廉一世的名义下发；国防部部长冯·罗恩伯爵，全权处理军队行政事务。此外，俾斯麦侯爵，作为政治领导者，处理政治相关事宜。

这种多头体制隐藏着危险。但是，在当时，这种体制并没有给普鲁士带来严重后果，究其原因，主要是威廉一世对这些伟大的人物委以重任，而这些人又为威廉一世的威望所折服。

因为受到君主政体这种传统的影响，人们便没有认真考察这种军队和国家的领导体制及二者之间的关系。人们并不认可毛奇元帅的最高司令之职，结果矛盾时常发生，进而产生了严重的后果。

当时，大多数人几乎没有意识到作战指挥的重要性。军队

---

[1]腓特烈大帝是统帅的标准。自他之后，人们对何为统帅已模糊不清，从而危及作战和人民，我上述所言，也适用于盟国（奥匈帝国）的总体战。正因为如此，经验告诉我，国家的独立体制是作战中实施统一指挥的障碍。1914年，冯·康拉德将军（奥军总参谋长）反对任何将奥匈军队隶属于第9集团军的方案，后才逐渐让步。大规模作战行动需由两国"协商议定"。为在东线作战，德国提议成立联合司令部，由奥匈帝国弗里德里希大公爵任最高司令，我任总参谋长，但遭奥匈帝国的拒绝。1916年8月，因东线战况危急，终于在东线总司令之下成立一个联合司令部，统辖由加里西亚至波罗的海的战线。后来，冯·阿尔茨将军接替冯·康拉德将军职务，终于成立了一个"最高指挥部"（虽然只是徒有其名），由德皇担任统帅，但这个指挥部并没有改变多少两军不协调的状态。敌人的涣散程度也不亚于我们。但是，他们平时就缔结了永久军事同盟，对平时战备和战时战略展开均有明文规定，而德国与奥匈帝国之间却未能就此达成协议。两国的联盟仅仅是政治性的。1918年3月21日，由于德军攻入法国，敌人才成立了联合司令部。事后才知道，这是极为明智之举。常有人说，拿破仑一世是统帅的样板，这是一种误解，他不过是共济会手中的傀儡。共济会使他登峰造极，又将他打翻在地，1812年令其远征俄国，实无任何依据。

效仿最高统帅部，除了设置主官外，还添置了参谋长一职。在这里，参谋长既归司令官或者军长统管，又受到总参谋长即统帅的约束。

对那些意志坚定的将军来说，这种制度并不会带来多大的困扰，但是，对那些意志不坚定的将军来说，则是一种折磨。事实上，并非所有的将军都具备意志坚定的品格，和平时期是这样，战时则更是如此。于是，一种非常不健全的体制出现了，并在世界大战中暴露无遗，其中第8集团军司令部和第3届最高统帅部的组成则最为突出。

各集团军参谋长在其就职之日，可能没有想到，按照规定的方式，用自己的职权向指挥官提出建议并呈递司令官批准实施实际上是种不正当的行为。在总参谋长毛奇将军任命下，我作为东线第8集团军参谋长时便是如此。在上级命令中甚至有"拯救东线"的话，我按照这一条指令，在东线尽我所能，行使参谋长的全部职责。

对于参谋长这个职位，我从来没有轻视过。我在《坦嫩贝格》和《受世界大战审判的"低贱的"战史》两书中对这方面的情况作了简单的论述，同时，我还提到，我曾向总司令和军事内阁首脑表示，在我全力履行职责的过程中，上级不要人为地制造困难。总司令也认可了我的想法，同时我也按照上下级关系行事。

如此一来，在东线指挥作战的最高长官不是总司令，而是参谋长，而作战行动则充分体现了参谋长的意志。

假如说，这件事情能够作为证明权责不清会带来危险的事例，那么1916年8月29日第3届最高统帅部的组成则更能说明这种问题。在最高统帅部内，德国皇帝是名义上的陆、海军总司令，而冯·兴登堡元帅是陆军总参谋长，即总司令，而我则和兴登堡元帅一样，拥有向全军下达命令的权力，并负责作战指挥事宜；还有一个海军参谋部参谋长，他主要负责指挥海战事宜；一个独立的国防部部长；一个跟作战没有任何关系、负责政治事务的首相。

这种制度蕴含着危险，它不能保证对陆、海军实施统一指挥。比如，1917年的海军叛乱情况，我一无所知，没有接到任何报告。刚开始，国防部部长试图按着自己的想法行事，但是最终在我的努力之下而放弃。

政治上有3个首相领导，结果造成任何事情都无法尽善尽美，而他们在处理国内"不满分子"问题上又处处和我作对。冯·贝特曼首相对无限制潜艇战指手画脚，结果给战争带来严重后果。事实上，多年来，他始终都在为倾全军之力应敌的做法设置障碍，甚而破坏潜艇战的实施。

战时，在军队的职权问题上，总司令和总参谋长之间的各种弊端也呈现出有增无减的态势。战时，与总司令、军长和其他主官的地位相比，总参谋长和指挥机构中年长的参谋军官的地位有了大幅度地提高。

当时，我经常和各集团军群参谋长商议军情，并向他们的指挥机构下达口头命令。总参谋长的地位逐渐提高，而总司令的地位却大大下降。这种危险性确实存在，可是它又没有办法逃脱总参谋长或总参谋部在各指挥机构设立所谓的"经理部"。

我在这里讲这些不是针对任何人，其实，我本身也是"经理部"中的一分子，但是我还是要揭露其弊端，让人们对统帅和统帅地位的内在本质有个清晰的认识。

指挥作战的最高长官不是总参谋长,更不是"第一总军需长"[1],而是统帅。

统帅一定要按照自己的想法去指挥战争,下达相应的命令。在这方面,其他人的建议都不具有权威性,而且其他人不能以任何理由和方式削减统帅的职权。同时,也不能出现有人削减赋予他在总体战其他领域的职权。

对任何战争、任何民族而言,认清统帅地位的本质都具有不可忽视的作用。

一旦统帅的地位和职责清晰明了,那么他的威望也会随之树立。这种威望是统帅完成重大任务时不可或缺的。

只有这样,才能避免出现借口统帅没有威信或年轻而造成统帅退居第二或第三位的现象,才能够让最佳的人选处于最恰当的位置上,使其充分发挥他的才智。

世界大战的经验证明,军队编制一定要按照统帅的命令行事,统帅的职权一定要高过国防部部长和政治首脑,这点是不言而喻的。

简而言之,统帅的地位一定要像腓特烈大帝那样,无所不包、无所不管,其他任何解释和做法都是不允许的。

统帅的主要工作是,只处理重大事务,而不是分散精力管理芝麻蒜皮的小事情。

重大事务有很多,有些在昨天看来不过是小事一桩,但在今天看来却可能是重大事务。至于哪些事务具有深远意义,则完全取决于统帅自己的认识和定夺。

---

[1]相当于第一副总参谋长,负责作战;第二总军需长负责后勤。

统帅一定要有下属，这些人要跟得上统帅的思路，要能领会统帅指令的精神，并依据这种精神，严格按照相关程序和法规，可靠地处理这些事务：指挥军队和维持军队战斗力（同时也要注重以往的战争经验）；不间断地发展人民生活和民族团结；打败敌军和人员；监视中立国。

统帅还要有国防参谋部参谋长作为助手，主要有两方面的作用，一是代替统帅草拟和颁发命令，一是独立处理上述各项事务。实际上，国防参谋部参谋长是统帅的左膀右臂。

国防参谋部的组成一定要合理，它应将陆战、空战、海战、宣传、军事技术、经济、政治等各领域的精英人才，以及熟悉人民生活的专家集中起来。它要对国防参谋部参谋长和统帅所交付的任务负责，随时呈递报告，但是它却没有权力下达命令。

为了确保每个成员能够胜任他所担负的职责，国防参谋部的军官一定要接受特殊的训练，而其他成员也要接受相应的专业训练。当然，这些人必须具备大公无私的品质，一定要依据现实而不沉迷于理论，但是，他们不能忽视战史的研究，他们要了解总体战的本质。只有这样，他们才可堪大任。

和统帅一样，陆、空、海军总司令以及每个司令官，都要成为他所指挥的作战行动的指挥官、首脑，能体现他的意志和思想。在他的麾下，也应有参谋长或者阅历多、经验丰富的参谋军官。这些参谋长或参谋军官也要接受特殊训练，他们的基础训练要和国防参谋部参谋长和参谋军官的内容相同，但是侧重点应当不同，他们的训练应集中在他们战时所在兵种的有关知识上。他们的活动范围是纯军事领域，他们再也不用接受双重领导，而只需听命于其指挥官即可。将来，总参谋长不应当再干预下级的行动。遗憾的是，世界大战中，德国高级指挥机构的参谋军官和下属直接对话的现象屡屡出现，进而造成了因为职责不明确而导致的混乱，出现多方指挥的现象，使下级无所适从。

简而言之，统帅和总司令是发号施令者。在他们所掌管的司令部任职的军官，包括总参谋长，都归总司令和统帅统领，他们的主要工作是按照统帅和总司令的命令工作。为了不让统帅和总司令被细枝末节、繁杂琐事纠缠，可以给总参谋长和参谋长划定一定工作范围，以便他们在各自的工作范围内发号施令。

统帅和总参谋长除了按照正常的指挥渠道和下级发生关系外，不应当与下级有其他联系！

统帅是独断独行之人，他总是寂寞孤独的。在他麾下的人员虽然都是万里挑一、精明能干的人才，但是却没有人能够深入了解统帅的精神世界。

对身处前线的每个士兵、每个军官来说，如果他在维护民族生存的斗争中所担当的责任越大，那么战争对他所拥有的军事知识、军事能力和意志的要求就越高，而这一切都要通过严格教育和精心培养才能够具备。

统帅负责统率全军，指挥全军作战，在危急时刻，他经常凭借直觉迅速作出维系战争胜负和民族生存的重大决断，而这种决断常常是在含糊不清的境况中作出的。

所谓含糊不清是指敌人采取和我方一样的意图来和我方进行激烈对抗，敌人的意图在今天看来也许不是这样或无法肯定，但是明日有可能变为现实或确凿无疑。我方要阻止敌人意图的实施，但是敌人不会束手就擒，而会在含糊不清的情况下竭尽全力阻止我方意图的实施，而我方的军事力量又不是百战百胜之师，所以，就要求统帅必须竭尽其全力和才智。

在统帅将全部身心投入战争的同时，他还要考虑军队生活和人民生活的方方面面（这点我已经在前面说过，这是总体战的基础），并对他们的内心世界有所了解。倘若统帅的了解只停留在表面上，那么他就会成为别人手中的傀儡。

统帅一定要有用之不竭的精力，因为充沛的精力能够让他镇定自如，勇于负责，并作出对总体战的结局具有重大影响的决断。事实上，统帅的生活一点也不轻松，只有那些富有责任感的人物才愿意这样生活。

不管是统帅和战场上的指挥官，还是士兵，都要具备极高的品格。在品格和知识之间，品格比知识更加重要。军队拒绝追逐名利和阿谀逢迎之人，它需要的是品格良好的人。职位越高，责任就越重大，对品格的要求就越高。只有具备坚定和可靠的品格，才能够赢得下级的信赖，才能够胜任他们所担任的职务。相反，则不能担任统帅或者战场指挥官。这件事情事关民族存亡问题，怎么强调都不为过。

战争是人与人之间的活动。统帅和下级的交流，甚至下达命令，都不是机械的转动，也不是单纯的部门与部门的接触，而是人与人之间的往来，生动形象。因此，除上述能力之外，统帅还应当具备知人善任、识人长短、洞察人心的能力。

统帅还应具备沉着稳健和自克自制的品质。此外，有些无法用言语表达的品质，统帅也应当具备。对此，我在《战争中的违命》中作了简单的论述：

像每个艺术家一样，统帅也必须掌握"手艺"，这种手艺就是统率的艺术。除了掌握"手艺"外，统帅还要凭借其天才和创造力，和与艺术家不同的能肩负重任的力量，坚强的意志，以及高尚的品格和伟人所具备的让人心悦诚服的巨大魅力。

在他将全部身心和以高度的责任感为军民和每个德国人效力时，他都表现出他的创造力和意志力。统帅是不会在战史中产生的，战史也不能反映伟大统帅的精神世界。他们的精神世界是他们的个人财富，也是在最紧张的时刻展现出来的。

统帅一定要具备让人无法估量的能力，这是先天的，要不然他就不配当统帅。

他的身上一定要洋溢着必胜的意志，并以此激励军队和民众，统率军队和领导人民去奋勇杀敌。

为了更好地让统帅担负起总体战的职责，统帅的职位一定要在和平时期就确立好。因为统帅的职责是，在战争爆发之际集中全国之力量（前方的和后方的力量）供其调遣。

和平时期，统帅要相信，凭借种族遗产的民族精神能够团结整个民族，并通过这种民族精神对青少年、成年人，尤其是军官，进行教育，巩固他们的信念。此外，统帅还要对人民进行教育，让他们牢牢记住，对执政者、国家官员乃至民众来说，民族的团结是进行总体战的共同财富。

考察与战争有关的各项方针，是统帅不可推卸的责任。

统帅要对财政和经济进行审查，确定它们是否符合总体战的要求，并要为此采取相应的措施，以保证人民的正常生活，保障经济发展，确保人民和军队的供给维持在正常水平。

统帅负责统率全军，他要处理部队平时训练和军事装备等事宜，通过发布动员令、战略展开指令和最初行动命令，使军队的行动统一起来。他是战争的首脑，一定要通过作战和宣传，给敌国人民和敌国军队致命性打击。

同时，统帅还要充分利用战争经验，维护和激发部队的战斗力，维护好后方人民的生存和精神团结，坚定人民勇于作战的意志。

统帅应为政治规定出作战中政治所应遵循的大政方针[1]。

在下达战略展开指令时，统帅的处境并不一定都是好的。动员和战略展开这两项任务是紧密交错的，安排和计划往往需要较长的时间（至少一年）。如果统帅刚好在这一年就职，那么他就会不可避免地受到前任所制定的战略展开指令的影响，因为别人制定的战略展开指令未必与他的观点一致。

在这样的情况下，他唯一能做的就是，勉为其难，接受前任所采取的各项措施。但是，对统帅来说，极为重要的一点是，只要有一丝可能，统帅就要按照自己的意志来实施战略展开指令，绝对不能"按前任的意志工作"。

世界大战爆发前，德国最后一任总参谋长毛奇将军的行动，就是最好的反面例证。在战略展开问题上，他和施利芬将军各执己见，针锋相对，谁也不服谁，但是世界大战爆发后，他却始终未能摆脱施利芬将军思想的影响，虽然他根据当时的实际情况，

---

[1] 我已听说，政治家们对我的这一观点大为恼火，特别是对政治应为作战服务的思想愤愤不平。然而克劳塞维茨就曾教导过，战争无非是政治通过另一种手段的继续。政治家们为此激愤不已，把我的观点视为注定失败的"军国主义"的观点，但这却丝毫改变不了现实所提出的要求，而这些要求也正是我为作战和为维护民族生存而提出的要求。但愿"军事科学家"们也能记住这一点！德国政治在世界大战中的作为，已表明这些要求的必要性。

修改了前任的战略展开计划。所以，"人贵自立"这句格言用在统帅身上，比用在任何人身上都更为恰当。

陆战中，统帅要在寻求决战的地点亲自指挥部队，至于次要任务，比如牵制敌人兵力投入决战，则可以另外委派一名司令官前去执行任务。

世界大战中，德军最高统帅部因为最高统帅是留在柏林还是在西线和东线各任命一位司令官的问题争吵不休。我认为，这种争吵毫无意义，在当时我就持反对意见，我认为统帅应当将决断权牢牢地抓在自己手里。

他的职责就注定了他的职权不应当受到任何削弱，也注定了在他和负责决战任务的军队之间设立一个中间机构是多余的。因为，他的独断独行是神圣的，不允许任何人妨碍他。

任何中间机构必然会影响，甚至阻碍统帅意志的彻底贯彻。统帅的职责是多方面的，他不但要消灭敌人的陆军部队，还要关注其他战场，比如海战。此外，他还要考虑数不清的问题，并要作出决定（这些都是总体战对统帅所提出的要求）。

而这一切都是统帅的地位所决定的，任何人都无法改变。

由于通信器材有助于总体战的统帅了解敌人的情况和我方情况，所以，它可以作为一种全新的方式影响作战的进行。不过，我们也要看到，我方统帅能借助通信器材了解情况，敌方统帅也能够做到这点。所以，一定要动用强大兵力尽快落实我方的措施，并排除万难扫除我方内部的一切障碍。要知道，敌人给我们设置的障碍已经够多了！

在世界大战中，我的主要工作虽然是参谋，但是我却有幸参加罗马尼亚、意大利和加里西亚的作战。在指挥西线德军的防御战和进攻中，我鼓励将士们奋勇杀敌，我对我的职位充满责任感，我凭借我的能力和作战经验（在这一点上，指挥局部战斗的指挥官则无法与我相比）努力工作。

我在工作中，经常收到有关前方抱怨的消息，但是只要不对其他地段的作战产生影响，我就只能视而不见，不给前方将士派去援军。这个决定对我来说如千斤重负。但是，为了我军能够在其他地段获取胜利，我只能承受这巨大的精神负担。

现在，集团军群和集团军司令部都在统帅的绝对领导之下，统帅可以直接对他们发号施令，对以往只能下达有限命令的单位，统帅也可以提出相关要求。和世界大战时期相比，这明显进步了很多。

同样地，集团军群或集团军司令也可以按照自己的想法对各自的下属提出要求。只有这样，行动才能够统一，才不至于出现不正常的现象。比如，1914年8月，自以为是的下级竟然危及和延迟上级意志的落实，结果上下级经常发生冲突。又如，德军最高统帅部把决断权交给集团军司令部，却又下达一些含糊不清的命令和指令，结果造成第6集团军在洛林的行动和第1、2集团军于1914年9月9日的行动失利，对此，德军最高统帅部要承担责任。

正如统帅要求下级服从一样，集团军群则要求上级发布明确的命令。如果下级认为上级的命令无法执行，那么他们至少要利用通信器材向上级询问情况。这好像给人这样的印象：我在提倡下级闹独立。其实，这不是我的意思，我的本意是说作战需要统一性。

根据作战经验，我认为军队必须要有严格的上下级关系。下级的自主性必须在这种严格的上下级关系下发挥。只有在这样的基础上，统帅的意志才能得以贯彻[1]。

在统帅认为不适合对作战直接下达指令的地方，可以只提出他的基本思想，留待有关的下级指挥官去实施。但是，他一定要密切关注行动的实施，因为他依旧是最高负责人。在整个战争中，统帅都是最高负责人。

为了履行职责，统帅要特别要求下级应当不隐瞒一切而将部队的真实情况上报。这个要求看起来容易，但是做起来却很不容易，尤其是在那些不太可靠的下级那里，这个要求基本上没法落实。他们在胜利的大背景下，容易夸大战绩，在失败的氛围之下，又容易高估损失。倘若不对这些情况进行调查，那么下级的报告往往有夸大的成分。

统帅只有完全了解自己的军队，才能够作出恰如其分的决定。准确真实的报告，对统帅下定决心有着极为重要的作用，但是多数情报是不可靠的。

世界大战中就发生过这种事情，由于西线右翼胜利的报告和第6集团军右翼在洛林会战后对态势估计过于严重的报告，造成了德军最高统帅部作出了致命的错误决定，从西线右翼抽调两个军到东线，交给我指挥。我认为，如果非调兵不可，应该从洛林方向的集团军中抽调，可是，事情并没有按照我的设想发展。当然，这件事情也不是我提出来的。

统帅应当相信他的下属，相信他们拥有独立自主的能力，能

---

[1] 我在《战争中的违命》一书中，重点指出了下级指挥官违抗上级指令的危害。

够带领自己的部队完成上级交给他们的任务。只有这样，统帅的决定才不会遭到阻碍，他才能具备掌握决定，并将计划付诸实施的自由。

统帅向其下级司令官及时、详尽地通报其意图，这对下级深入理解作战目的有较大的帮助。统帅和他的司令官一定要在这方面建立良好的信任关系。

统帅既是军队的教育者和领导者，也是军队战斗力的维持者和推进者。为此，他一定要重视一些重要的问题，比如装备和作战观点是否与现实要求相符合，是否应作重大修正等。

我到德军最高统帅部任职后，将兵力的密集部署改为疏散部署，并用机枪替代步枪，增强火力。在战争中，随着技术器材的大批量使用，验证其效果要比平时容易得多、准确得多。至于战术的效果则更加显而易见。

除了关注陆军作战部队外，统帅还要关注兵站、后方部队、空军、海军和后备部队等方面，并注意检查军纪和精神状态[1]。在对待人民上，统帅要时刻注意观察人民是否在为军队和民族的生存而努力，是否下定决心和军队一起，团结一致，致力于维护民族生存的伟业。

与此同时，统帅还要高度重视国内经济状况，军队和人民的供给问题。哪里发来急需补救的消息，就要立即行动，加以处理，哪里出现弊端，就要认真查办、纠正。一定要将任何对军队和人民有害的事情统统消灭在萌芽状态，这是统帅义不容辞的义

---

[1] 制止军队中的酗酒现象是不言自明的事，从世界大战中可明显看出酗酒对战绩和军纪的严重危害。

务。在这方面，总体政治必领与统帅合作。

统帅应当全神贯注地阅读有关敌军和敌国人民精神状态的报告。因为，现实表明，在如今部队人数高达数百万的情况下，就算取得决战的胜利，也很难将每个敌人消灭或俘虏。

通过获得决战胜利和摧毁敌人的经济、对敌人实施封锁、利用海军断绝敌人的供给，辅之宣传，都是达到摧毁敌国人民顽强抵抗意志的手段。

总体战对统帅的要求是无边无际的，它对统帅的功绩和能力的要求已远远超过对过去历代统帅的要求，甚至在腓特烈大帝之上。

统帅在民族的历史上较为罕见。

和平时期，军队领导能否成为战时的统帅，只能交由战争来裁决。我认为，只有在总体战领导的职位上奉献一切，致力于维护民族生存的人，才能称为人民的统帅。从这个角度上看，统帅和人民是一个整体，不然，统帅对人民来说便是毫无意义的。

后记
POSTSCRIPT

历经两年多的艰辛操作,"战争论"丛书终于付梓出版发行了。我们当初提出这套选题,目的就是在当前国际形势日趋复杂的情况下,深感有必要在未雨绸缪之际,通过精选古今中外(尤其是国外的)军事名著,加以聚合编辑出版,成套系、整体性推出,一方面满足广大军事迷的阅读需要,另一方面为普通大众的军事素养提高、国防意识培育做出点贡献。在世界丛林中的狼烟骤起时,我们必须做到有备而无患。在国际风云变幻莫测、战争的危险丝毫未减甚至可以嗅到战争的烟火味时,作为嗜好和平的中国人,有必要具备必要的军事素养,以求在危机来临时刻保卫自己。与此同时,这套经典军事名著,也适合广大现役、退役以及预备役军人学习。

作为一部囊括了蒋百里《国防论》、马汉《海权论》、杜黑《制空权》、马汉《海军战略论》、克劳塞维茨《战争论》、若米尼《战争艺术概论》、弗龙蒂努斯《谋略》、米切尔《空中国防论》、韦格蒂乌斯《兵法简述》、鲁登道夫《总体战》等经典名著的大型军事丛书,从读者调查、市场摸底、资料搜集、材料分析、选题提出、选题立项、精选书目、翻译改编、编辑校对、内容审查、学术考证、核查定稿、装帧设计、印制发行等，在每一个环节中，参与该项目的人员都付出了巨大心血，我们在此一并表示感谢。我们由衷地感谢华中科技大学出版社各位领导、编辑，以及耿振达、陈雪、程效、甘梦竹、贾琦、齐芳、王晓黎、吴玲、徐冰莹、张亮、赵英媛、赵梓伊、宋毅、唐恭权、李传燕、魏止戈、温锦婷、王静、顾凤娟、曹锦林、曹燕兰、李玉华、宋国胜、李家训、薛莹、胡滨、李巍、景迷霞、查攸吟、周静、刘啸虎、肖倩、许天成、王顺君、褚以炜、杨志民、陈杰、马千、常在、李楠、张子平、张捷闻、翁伟力、吴田甜、王钻忠、孟驰、陈翔、张宏轩、李湖光、傅仰哲等人员。

因时间紧、水平有限，整套"战争论"丛书中难免有疏漏之处。在此，恳请广大读者批评指正。我们在此表示由衷的谢意。